JN164470

金融破壊者たちの野望

NCB Lab. 代表
佐藤元則［著］
株式会社電通 金融プロジェクト
鍋島 浩／吉富才了［調査データ提供］

Financial Disruptors

東洋経済新報社

はじめに

いま世界で最も注目を集めている企業はアマゾン（Amazon）であろう。猛烈なスピードで独自経済圏を拡大している。書籍からスタートしたアマゾンは、デジタル機器、家電、生活雑貨、生鮮食料品、ファッション、音楽やムービーのようなデジタルコンテンツ、そしてヘルスケアにもジャンルを拡げている。ホールフーズ（Whole Foods）の買収やリアル店舗を通じて、オンラインからリアル世界へも進出してきた。

既存のマーチャント（売り手）やサプライヤー（仕入先）で、アマゾンの影響を受けないところはないといわれるくらい、巨大な力をもつようになった。人々はそれをアマゾンエフェクトと呼び、恐れている。

いっぽうアジアでは、アリババ（阿里巴巴、Alibaba）グループがアマゾンと同じようにオンラインからリアル世界へ勢力を拡大。世界中に20億人のアリババ経済圏（The Alibaba Economy）を創出すると発表し、世界を驚かせた。世界の人口の4人に1人をアリババ経済圏の住民にしようという計画だ。人はそれをアリババエフェクトと呼び、恐れている。

特定の経済圏ですべての商品やサービスが賄えるようになれば、独自通貨の発行も可能だ。国家が発行する通貨よりも信頼性が高く、使い勝手がよいものになるかもしれない。ビットコインのような投機的なものではなく、ショッピングやサービス利用に使える利便性の高い仮想通貨である。これが流通すれば、これらの経済圏では完全キャッシュレスとなり、物理的な通貨発行という社会コストも不要となる。

アマゾンはどのようにして独自経済圏を拡大してきたのか。アリババは何を武器に20億人の経済圏を構築しようとしているのか。わずか数年で巨大経済圏を創出したその牽引車は何なのだろう。日本でも経済圏構想を打ち出す企業は現れるのか。それが成功するためには何が必要なのだろう。そんな疑問から本書の執筆がはじまった。

２０１８年６月吉日

ＮＣＢ Ｌａｂ．代表　佐藤元則

第1章

独自経済圏拡大の熾烈な戦い

1 AAエフェクトの脅威

アマゾンとアリババへの対抗は企業連合で

２０１７年10月17日、中国のネット通販第2位のＪＤドットコム(京東集団、JD.com)は、世界最大のオンラインゲームを運営するテンセント（騰訊、Tencent）と顧客データの相互利用を前提とする提携を発表した。これにウォルマート（Walmart）や中国検索エンジン最大手のバイドゥ（百度、Baidu）も参画する。

テンセントはＪＤドットコムの株式の2割強を保有する筆頭株主。ウォルマートも株式の1割を保有。この3社は資本を通じた協業関係にあるが、それだけの話ではない。異質な4社提携の背景には、アリババやアマゾンに負けられない、という強い危機意識がある。

4社の役割を概観しよう。ＪＤドットコムは通販購買データ、テンセントはチャットアプリの会話情報やモバイル決済の支払いデータを提供する。ＡＩ（人工知能）を活用して、顧客一人ひとりのニーズをあぶり出し、これをマーケティングや商品開発にいかす。ウォルマートは中国で約４００店舗を運営しているが、この店舗をデリバリー拠点として活用する。そしてバイドゥは検索顧客をＪＤドットコムやウォルマートへ誘導する。

テンセントやＪＤドットコムにとっては、アリババへの対抗措置である。ウォルマートにはアマゾン対抗も念頭にある。それだけ、アリババとアマゾンは脅威になっている。両者がオンラインとリアル世界を融合した独自経済圏を加速度的に拡大しているからである。

米国本土では、ウォルマートはアマゾン対抗をより鮮明に打ち出している。ネット通販を強化するため、ネット企業の買収に奔走。会員制割引のジェット・コム（Jet.com）やメンズアパレルのボノボス(Bonobos)、そしてセレクトショップのモドクロス(ModCloth)を次々に買収している。

２０１７年8月にはグーグル(Google)と提携し、さらにネット通販強化に動いた。グーグルの音声アシスタントで商品を注文し、決済できるようにしたのである。そのためウォルマートはグーグルのネット通販サービス、グーグルエクスプレスに数十万点を出品している。

グーグルもアマゾン対抗に躍起だ。かつて検索といえばグーグル。「ググる」というバズワードができるほど利用されていた。しかし最近、商品検索は「アマゾる」が主流になっているのである。ロジスティクス機能をもたないグーグルは、ウォルマートとの提携でオンラインとリアルを融合した戦略を実行しやすくなる。

アマゾンとアリババの膨張によって顧客が囲い込まれ、商圏が奪われる。人々はそれをアマゾンエフェクトと呼び、アリババエフェクトと呼ぶ。2つあわせてAAエフェクトだ。この2社の影響は、小売流通だけでなく、通信や物流など全業種におよんでいる。

決済領域は戦いの場になる

アマゾンエフェクトやアリババエフェクトは金融業界にも拡がっている。ロンドンを本拠にグローバル展開する金融コングロマリット、バークレイズ（Barclays）のジェス・ステイリー（Jes Staley）最高経営責任者は、2017年10月にワシントンで開かれた国際金融研究所の年次総会のパネルディスカッションで、テクノロジー企業の脅威について次のように語った。

「すべての銀行は決済領域に重点をおいている。この領域は今後15年間にわたり、戦いの場になるだろう」と。その戦いの相手とは、アマゾンやアップル（Apple）などのテクノロジー企業。テクノロジーを駆使して、既存の金融システムを破壊する存在になると予測しているのだ。

アマゾンは売り場と顧客の両方を有するグローバル企業。膨大な顧客の購買データと、売り手の販売データを保有している。これを活用すれば、決済だけでなく、融資、投資、保険など、さまざまな金融サービスをクロスセルできる。アリババはすでに、決済に加え、融資、投資、保険など総合的な金融サービスを提供している。しかもターゲットは個人だけではなく、スモールビジネスにもおよんでいるのだ。金融サービスとは縁のなかったテクノロジー企業が、気がつけば最大の脅威になっていたのである。

独自経済圏を共通決済プラットフォームで築く

顧客基盤をグローバルにもち、膨大なデータを保有するアマゾンやアリババは、巨大な独自経済圏を築いている。アマゾンの２０１７年売上はデンマークやトルコの国家予算を超え、オーストリアの国家予算に迫る。アリババは20億人の経済圏構想を打ち出している。

彼らにとって、国境は関係ない。オンラインとリアル世界という境界線も意味をなさなくなっている。それを可能にしたのはモバイルであり、すべてがネットにつながるＩｏＴ(モノのインターネット化)、そしてＡＩだ。テクノロジーの進化が、巨大な経済圏をつくり出している。

ここでいう経済圏とは、特定の企業が中核になって推進する経済活動領域をいう。特徴的なのは、経済圏を構成する関与者（買い手、売り手、提携企業、仕入先など）が、その企業独自の決済手段を共通のプラットフォームにしていることである。

アマゾンはワンクリック（1-Click）決済をベースにしたアマゾンペイ（Amazon Pay）、アリババはモバイル決済のアリペイ（Alipay）が共通のプラットフォームだ。

同様に独自決済プラットフォームで経済圏の拡大をめざす企業は枚挙にいとまがない。ＩＴ企業では、アップルがアップルペイ（Apple Pay）、グーグルがグーグルペイ（Google Pay）、サムスンはサムスンペイ(Samsung Pay)、テンセントはウィチャットペイ(WeChat Pay)、シャオミがミーペイ（Mi Pay）という決済を柱に独自経済圏を構築中だ。マイクロソフトも２０１７年11月、マイクロソフトペイ（Microsoft Pay）をリリースして追走態勢に入った。

金融機関ではチェイスがチェイスペイ（Chase Pay）で北米の個人とマーチャントの囲

い込みを推進。シティバンクはシティペイ（Citi Pay）の国際展開を目論む。流通ではウォルマートがウォルマートペイ（Walmart Pay）でアップルペイを追い抜くと息巻いている。

経済圏の強さは決済総額で決まる

なぜ独自決済プラットフォームを経済圏拡大のエンジンにしているのか。それは経済圏の強さは、特定の決済手段によって決済された金額の総計、つまり決済総額によって決まるからである。

国家の強さはＧＤＰで表される。ＧＤＰを簡単にいえば、国民の稼ぎの総計。これに準じれば、経済圏の強さは、その経済圏の関与者が決済した金額の総計といえよう。

決済総額は、利用者数に、購買単価、そして購入頻度を乗じたものである（次ページ図参照）。このうち最重要項目は利用者数。だからアマゾンはプライム会員獲得を優先課題とし、アリババは20億人という目標を掲げている。

まず利用者を獲得。関係を強化し、取引を長期化すれば、購買単価が上がり、購入頻度がアップする。

長期的な関係強化で鍵となるのがデータ活用である。特に決済データ。決済に結びつか

決済総額の計算式

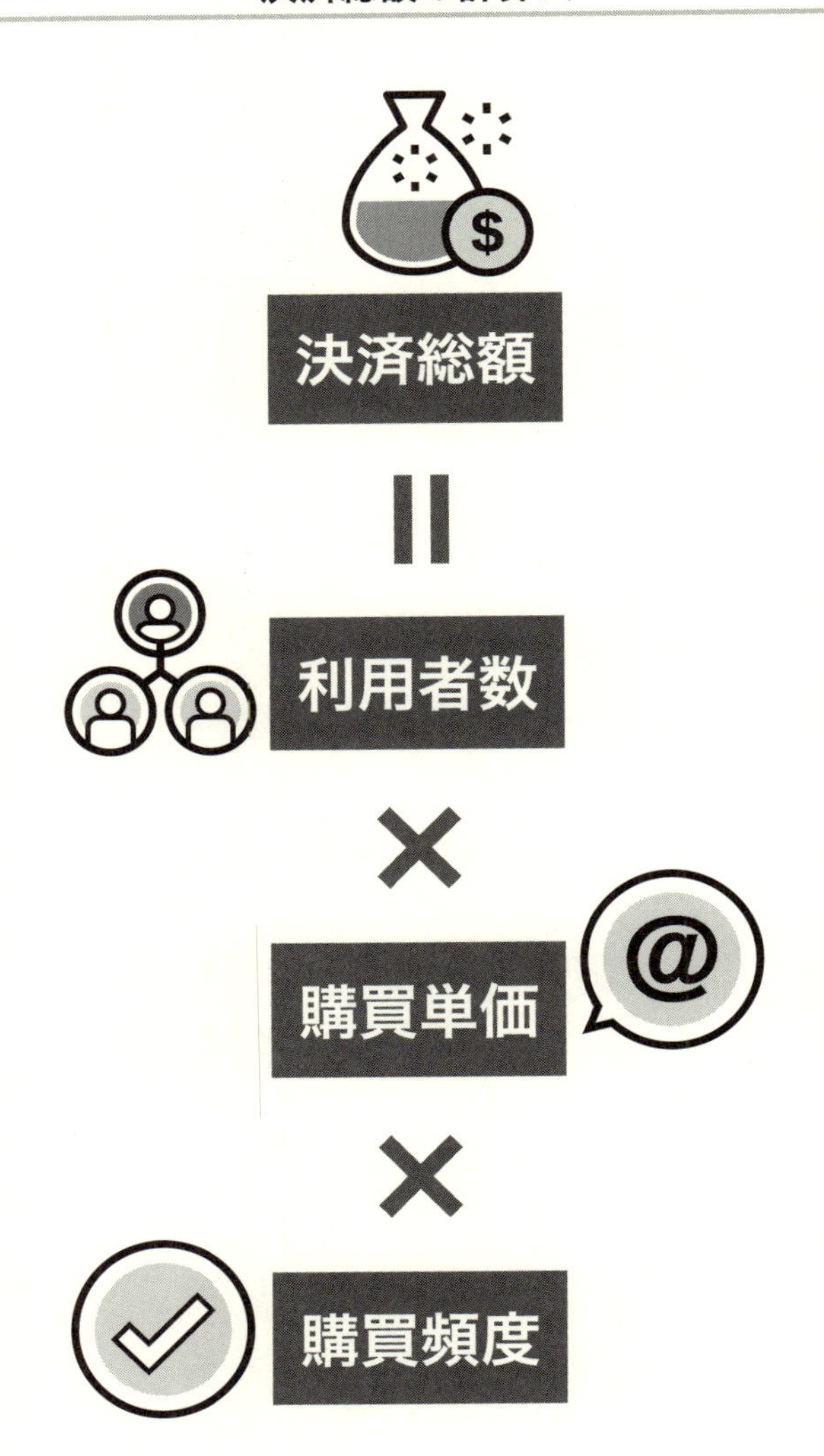

なければ経済圏の成長はない。何を、いつ、どこで、買ったか。決済データにこそ、現在その人がおかれている状況が明確に映し出される。

結婚したのか、子供が生まれたのか、転居したのか、転職したのか。本人の自己申告を待つまでもなく、決済情報からその状況が克明に浮かび上がる。

マーケティングに活用するために、アンケートで趣味や婚姻の有無を聞く企業があるが、利用できる期間は短い。趣味は移ろいやすく、婚姻関係は傷つきやすい。テニスが趣味と記入した人が、いつまでもテニスを続けるとは限らない。日本では3組に1組が離婚している。その人たちに幸せカップル向けの商品を提案し続けたらどうなるだろうか。

戦略策定やマーケティング、リスクマネジメントに効果的なのは定性データではなく、決済情報のような動的データなのである。決済にソーシャルメディアで交わされる会話情報や検索データを掛けあわせて、最新の顧客プロファイリングと欲望をあぶり出す。欲しい時が買いたい時。リアルタイムに関連商品やサービスへ誘導する。

それがいま、テクノロジーの進展によって簡単にできるようになった。だからアマゾンやアリババは、クラウドコンピューティングに力を入れる。クラウドに経済圏の活動データをすべて収集。そのデータから深層学習や自然言語処理によって最適解を自動的に導き出し、テキストや音声で利用者にアドバイスする仕組みを構築しているのである。

独自経済圏は完全キャッシュレス

この経済圏は完全なキャッシュレス社会をめざして進展する。「誰が」を特定できない現金決済は排除される。独自決済の主役はオンライン決済とモバイル決済である。特にモバイル決済が主役だ。アリババの独自決済アリペイは、わずか数年で取扱高が180兆円を超えるまでに成長した。プラスチックカードでこの急成長はむずかしい。決済端末不要なモバイル決済がそれを可能にした。

2017年2月、アリババとアリペイは今後5年以内に中国をキャッシュレスにするという計画を発表した。一私企業が、大胆にもキャッシュレス中国に寄与すると宣言したのである。これに中国の5大都市が呼応。杭州、武漢、天津、福州、貴陽が、アリペイのキャッシュレスシティ・プログラムに署名したのである。

構想実現のため、アリペイは第1弾として、2017年8月1日から8月8日までをキャッシュレス週間とし、一大キャンペーンを打った。この流れに競合相手のテンセントも乗った。アリペイと同じように一大キャンペーンを展開したのである。日本にもその余波

中国キャッシュレス構想

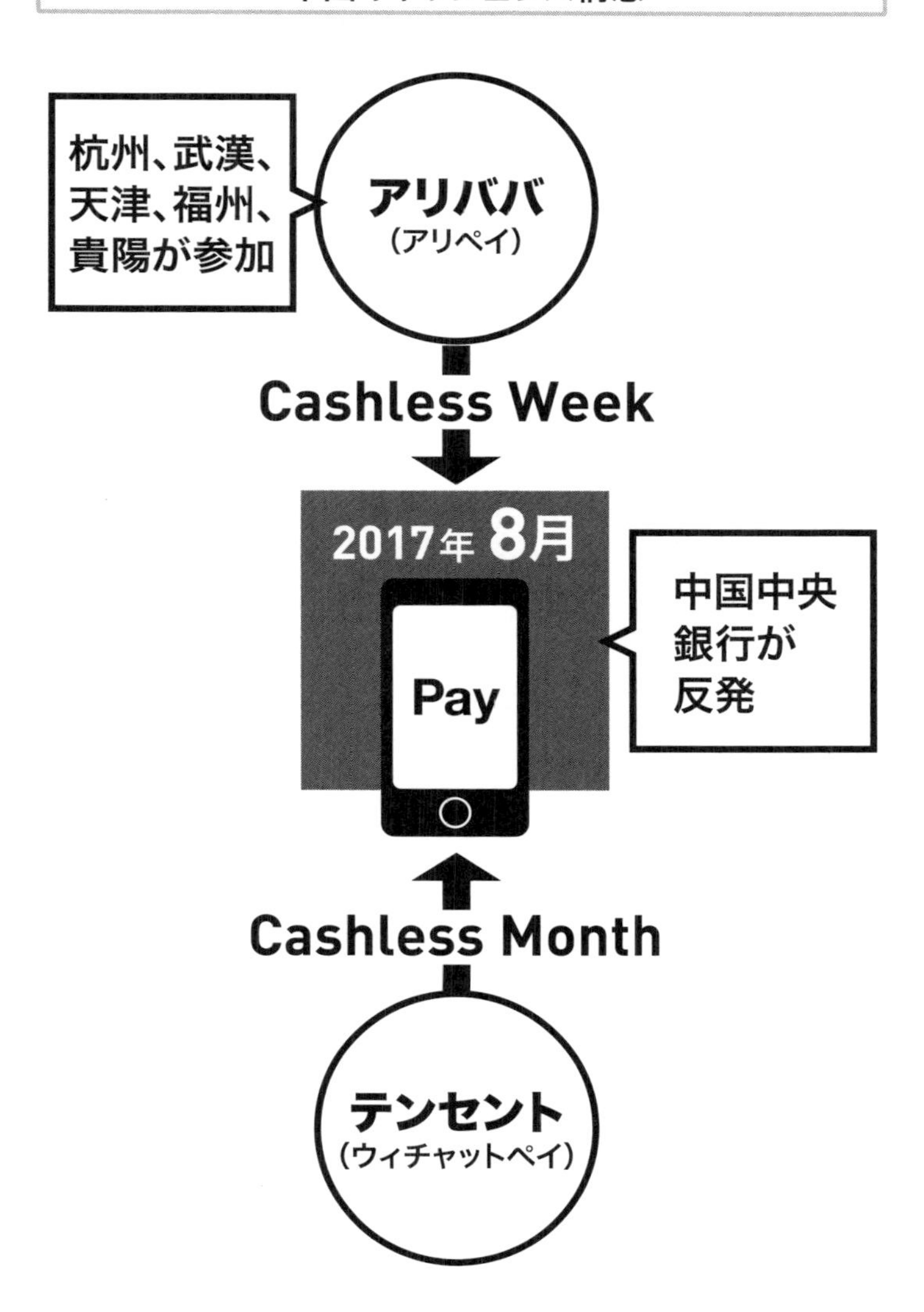

はおよんだ。中国人観光客は同時期、日本の特典付与マーチャントに列をなしたのである。アマゾン経済圏（The Amazon Economy）やアリババ経済圏、テンセント経済圏がグローバルに拡大し、あらゆる活動がその経済圏内で充足できれば、自社決済ですべて完了する。そうなれば独自バーチャル通貨（例えばアマゾンコインやアリコイン）の発行と流通も可能となる。これまでのようにカードや銀行ネットワークと連携する必要はない。国境をまたいだ本格的なバーチャル通貨が誕生し、完全キャッシュレス社会が出現する。

この経済圏はバーチャル国家といえなくもない。既存の大手金融機関や大手小売流通、あるいは中央銀行にとって恐ろしい事態が、いままさに起ころうとしているのである。

事実、中国中央銀行はアリペイやウィチャットペイのキャッシュレスキャンペーンに対し、通常の通貨流通に影響をおよぼし、国民に誤解を招く恐れがあると警告を発した。しかし、金融破壊者たちのムーブメントは止められない、止まらない。

キャッシュレスは、消費者にとって利便性が高く、マーチャントの生産性を向上、都市や国家の経済成長に寄与する。独自決済でキャッシュレス経済圏を構築すれば、永続的な成長が期待できるのである。

モバイルで容易になった経済圏の拡大

独自経済圏拡大を仕掛ける世界のプレイヤーたち

２０１７年11月11日、アリババが仕掛けた〝独身の日〟の売上は24時間で１６８０億元を超えた。日本円にすると約２・９兆円である。このうち９割がモバイル経由の売上だった。

いま現在、経済圏拡大の中枢を担う決済はモバイル決済である。モバイルの普及で、経済圏を一気に拡大することが可能になった。

１９９０年代に登場したインターネット決済は、デスクトップパソコンのバーチャル空間に限定された決済だった。それが２００７年に登場したスマートフォンによって一変する。スマートフォンはモビリティが高く、利用者の行動に常に寄り添っている。バーチャルとリアルの両方で決済できるようにしよう、と世界中の野心家がモバイル決済にチャレンジした。その過程で、国境を越え、オンラインとリアルの境界線を越える独自経済圏を仕掛ける企業が台頭してきたのである。

先陣を切ったのはグーグル。２０１１年、米国ではじめてモバイルＮＦＣ非接触決済のグーグルウォレット（Google Wallet）をリリースした。目的はリアル店舗での決済情報を取得し、オンラインで検索した商品が実際に購入されるかどうかをトラッキングすること。これが可能になれば、グーグルの広告価値を上げながら、独自経済圏を拡大できる。

同じ年、アリペイはモバイルＱＲ決済をスタートした。グーグルはＮＦＣ非接触決済を選んだが、非接触決済を受け付ける端末の普及には時間がかかるとみた。モバイル機器もＮＦＣチップ搭載の機器に限定される。

ＱＲであれば、機種やＯＳに関係なくほぼすべてのスマートフォンで使える。スマートフォンメーカーでも、ＯＳプロバイダーでもない身軽さがアリババに幸いした。

２０１２年のアリペイ取扱額は７００億ドル。それが２０１５年には１・２兆ドルになり、２０１６年には１・７兆ドルになったのである（ベターザンキャッシュアライアンスのレポート、本書１５９ページ参照）。

アリババに強い対抗意識をもつテンセントは２０１３年、オンラインのテンペイをウィチャットに統合。ウィチャットペイにサービス名称を変更し、ＱＲ決済機能や送金機能をつけた。アリババグループのような巨大なマーケットプレイスをもたないテンセントは、リアル店舗の開拓を積極的に推進した。その結果、２０１５年には０・４兆ドルの取扱高だったが、１年後の２０１６年にはその３倍の１・２兆ドルに伸ばした。

アリペイの予想通り、グーグルのモバイルＮＦＣ非接触決済は苦戦を強いられた。しかし、モバイルＮＦＣ非接触決済は飛ばず、と誰もが思っていた矢先の２０１４年、満を持して登場したのがアップルのモバイル決済アップルペイだった。グーグルの失敗を教訓とし、セキュリティの強化と、既存金融機関との提携を前面に押し出した。決済方式はモバイルＮＦＣ非接触決済とアプリ内決済でスタート。その後ウェブ決済を加え、２０１７年には送金決済もリリースしている。

アップルペイの与えた衝撃は大きかった。巨大隕石のように、世界中のＩＴ企業、モバイルメーカー、通信キャリア、金融、小売流通など、あらゆる業種業態を揺るがした。

グーグルは２０１５年、グーグルウォレットという独自決済を捨て、アンドロイドペイに名称を変更。アンドロイド陣営のバックアップにまわった。しかし、アンドロイドペイの認知度は低く、利用も伸びなかったため、2018年初頭には、グーグルペイにブランドを改称し、ふたたび独自色を強めた。

サムスンも2015年、自社モバイル機器向けに開発したモバイル決済サムスンペイを韓国でスタート。アップルペイとの差別化をはかるため、NFC非接触決済に加え、モバイルに磁場を発生させて決済するMST決済をリリースした。

同年、米銀のチェイスはチェイスペイを発表。小売流通ではウォルマートがウォルマートペイを発表している。その後も、世界中でモバイル「ペイ」の流れは止まらない。決済で独自経済圏を少しでも早く、広く構築したいという思惑からだ。

モバイル決済より一歩先をゆくのがアマゾンである。インターネット草創期の1995年にサービスを開始したアマゾン。その2年後の1997年には、オンラインショッピングのスタイルを一変させたワンクリック決済を発明する。

それから20年。アマゾンはオンライン決済のアマゾンペイを進化させ、モバイル決済を含めたIoT決済や、音声決済という先端的な決済を開発。猛烈なスピードで勢力を拡大している。

モバイル決済の優劣

独自経済圏の構築に必須であるモバイル決済。一口にモバイル決済といっても、その種類は多様だ。ここでモバイル決済の種類と、その概要について解説しておこう。

モバイル決済は大きく分類すると５つある。ＮＦＣ非接触決済、アプリ内決済、ウェブ決済、送金決済、ＱＲ決済である。

リアル店舗で使われるのは、ＮＦＣ非接触決済とＱＲ決済。オンラインで使われるのはアプリ内決済、ウェブ決済、送金決済である。

しかし、アプリ内決済やウェブ決済、送金決済はリアル店舗でも使うことが可能だ。事前にモバイルで注文して決済する事前注文（オーダーアヘッド）は、リアル店舗で商品やサービスをピックアップする際に使える。

５種のモバイル決済の中で利用が限定的なのはＮＦＣ非接触決済だ。モバイル機器やＯＳに依存する。それ以外のモバイル決済は機種やＯＳに限定されない。モバイル機器保有者であれば、ほとんどの人が使える。

●NFC非接触決済

モバイル機器内蔵のNFCチップを利用した非接触決済で、リアル店舗で使う。アップルペイやグーグルペイ、サムスンペイが代表例。NFC非接触決済は磁気カードやICカードに比べて処理時間が短く、現金を駆逐する有望な決済手段とみられている。

反面、NFCチップを搭載したモバイル機器しか利用できず、ショップの端末もNFC非接触対応が必要で、普及に時間がかかっている。

現在は揺籃期だが、高性能モバイル機器の普及とマーチャントのNFC非接触対応が進めば、近い将来、リアル店舗決済の主力に躍り出る可能性が高い。

NFC非接触決済とは？

●アプリ内決済

モバイルのアプリ利用時の支払いに活用する決済方式で、決済会社のサイトに移動せず、アプリケーション内で機能する。ゲームの課金やスターバックスの事前注文決済、ウーバー（Uber）のキャッシュレス支払いはアプリ内決済。アップルペイやアマゾンペイなどのモバイル決済もアプリ内決済に対応している。

●ウェブ決済

スマートフォンやタブレットでのウェブショッピングに使われる決済。オンラインマーチャントのチェックアウトページの支払いボタンをタップすれば、支払いが完了

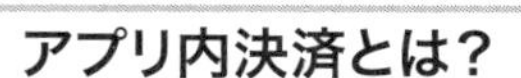

決済会社のサイトに移動不要

アプリ利用時の支払いに活用

ウェブ決済とは？

ウェブショッピングに利用

する。アップルペイやグーグルペイ、サムスンペイ、アマゾンペイなど、ほとんどのモバイル決済にこの機能がついている。

●送金決済

相手の携帯電話番号やメールアドレスへ送金して決済する方式。銀行口座番号を入力する必要はない。オンラインでもリアル店舗でも使える。モバイルのOSや機種に依存せず、汎用性が高いため、世界中の金融機関やフィンテック企業がこの決済に参入している。

米国のペイパルやその傘下のベンモ（Venmo）が先鞭をつけた。英国のペイエム（Paym）、スウェーデンのスウィッシュ

送金決済とは？

相手の携帯番号やメールアドレスへ送金して決済

(Swish)、ノルウェーのビップス（Vipps)、米国のゼル(Zelle)、インドのビーム(BHIM)などが代表例。アップルペイもアップルペイキャッシュという送金決済機能をつけた。今後モバイル決済になくてはならない機能になるだろう。

●ＱＲ決済

ＱＲコードまたはバーコードを活用したモバイル決済。リアル店舗で使う。利用者のモバイル端末にＱＲコードを表示し、それをマーチャントがスキャンして決済する方法と、マーチャントが表示するＱＲコードを利用者がスキャンし、金額を入力して決済する方法がある。

QR 決済とは？

QRコードや
バーコードを利用

ＱＲ決済はモバイルのＯＳや機種に依存しないため汎用性が高く、マーチャントも特別な決済端末を用意しなくてもいいので、リアル店舗決済の主流となっている。

中国のアリペイやウィチャットペイは、その代表例である。両者の２０１６年取扱高を合計すると２・９兆ドル、３００兆円を超えた。インドのペイティエム（Paytm）はＱＲ決済により、わずか1年で５００万加盟店を獲得。利用者も２・８億人を超えている。それだけマーチャントはＱＲ決済を導入しやすく、利用者にとっては利便性が高い。

これに危機感を覚えたビザやマスターカード、銀聯、ＪＣＢなどは２０１７年7月、ＱＲ決済の国際標準を策定。ＱＲに互換性をもたせ、モバイル決済での安定的地位の確保に動いた。

前述した5種類のモバイル決済を比較すると、リアル世界で最もスピーディに経済圏を拡大できるのはＱＲ決済である。ＮＦＣ非接触決済はマーチャントに専用端末が必要で、全世界に普及するには時間がかかる。

オンラインとリアル世界の両方をまたいだ独自経済圏構築に有効な決済方法は、ＱＲ決済を軸に、アプリ内決済、ウェブ決済、送金決済をまとめたものである。

3 「独自経済圏」拡大の設計図

すべてのデータをクラウドに吸い上げる

独自経済圏の拡大を仕掛ける世界のプレイヤーたちの中で、最も進んでいるのはアマゾン、そしてアリババグループである。アマゾンやアリババは経済圏拡大のために、どんな設計図を描いているのだろう。両者とも、独自の経済圏構想の詳細を公表してはいないが、直近の企業活動やニュースリリースから推測すると、次ページ図のようになる。

本書では、独自経済圏の定義を、「特定の企業が中核になって推進する経済活動領域」とした。特徴的なのは、経済圏を構成する関与者が、その企業独自の決済手段を共通のプラットフォームにしていることである。そこで、図の中央には独自決済手段をおいた。

これまでアマゾンもアリババもオンラインでの決済が主であった。利用者がオンライン

独自経済圏の枠組み

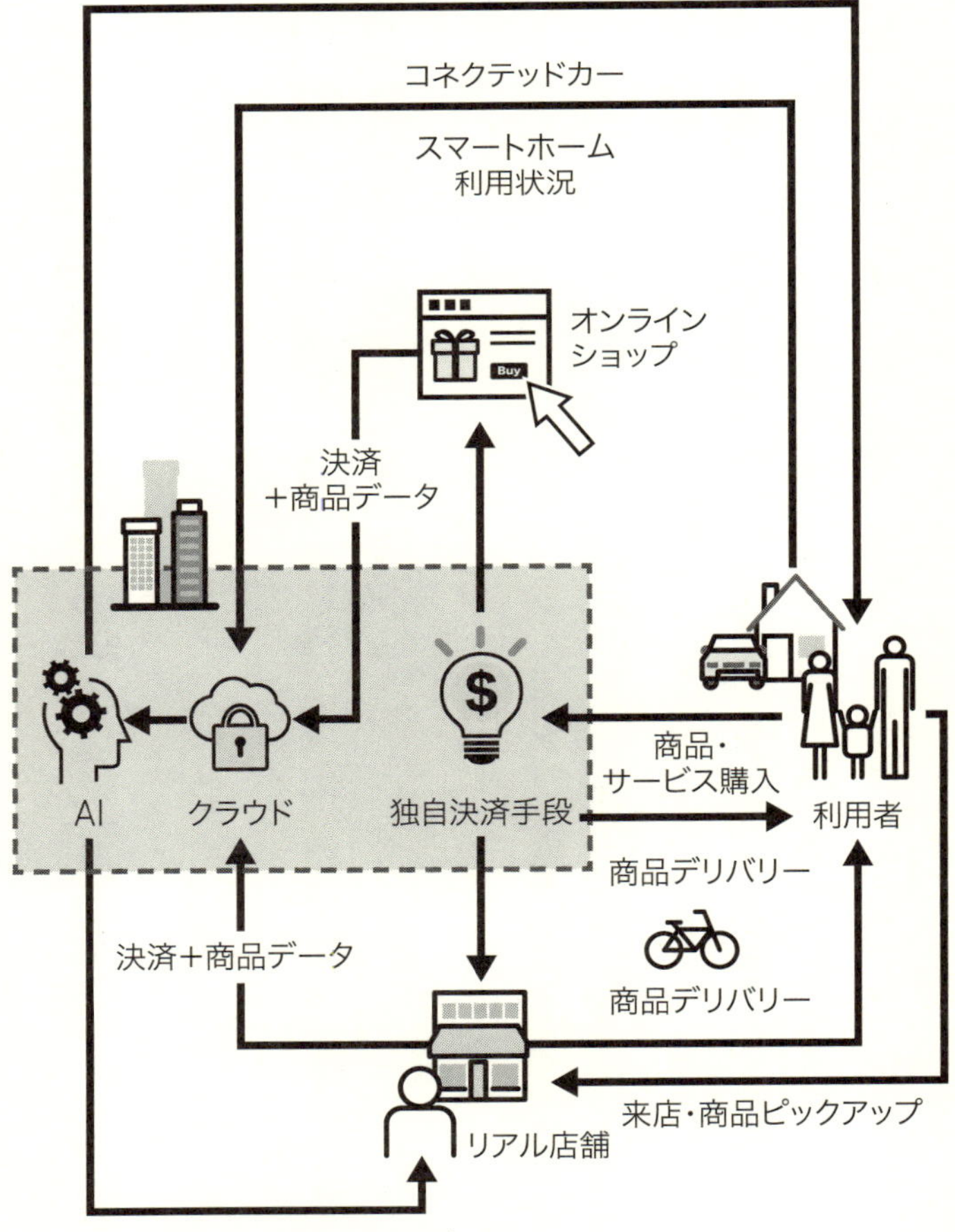
パーソナルな商品・サービス提案
コネクテッドカー
スマートホーム
利用状況
オンライン
ショップ
Buy
決済
＋商品データ
AI
クラウド
独自決済手段
商品・
サービス購入
利用者
商品デリバリー
決済＋商品データ
商品デリバリー
来店・商品ピックアップ
リアル店舗
マーチャントにカスタマイズした
サービス提供

ショップで商品やサービスを購入すると、独自決済手段から、誰が、いつ、いくらで買ったかという決済データと、どのショップで、何を買ったのかという商品データが、クラウドに送信される。その購買データに基づいて、デリバリーセンターから利用者へ商品を配達していた。

ところが、オンラインショッピングの急拡大で、デリバリーが悲鳴を上げはじめた。そこで考えたのがリアル店舗の活用である。地域に根ざしたリアル店舗を物流の拠点にしよう。そうすれば、従業員や地域のアルバイトを使って商品を配達できる。あるいは、利用者に来店してもらい、商品をピックアップしてもらうこともできる。

オンラインショッピングの市場規模は、全小売売上の10％前後。リアル世界への参入が実現すれば、市場を拡大できる。モバイル技術やＩｏＴによって、オンラインとリアルを融合したニューショップも可能だ。アマゾンはグローサリーストアのホールフーズを買収し、百貨店のコールズ（Kohl's）と提携。アマゾンゴー（Amazon Go）という次世代ショップもスタートした。

アリババも負けてはいない。百貨店チェーンの銀泰商業グループを買収。生鮮食品スーパーのヘマ（Hema）にも出資。独自のショッピングモールも開業した。アリババはアリペイの加盟店というリアル店舗も多数抱えている。

リアル店舗でのショッピングも、独自決済手段を通じて、誰が、いつ、どこで、何を、いくらで買ったかというデータに変換され、クラウドに送信される。

それに加えて、アマゾンやアリババは音声アシスタントをスマートホームやコネクテッドカーと連携。モバイル決済の次をゆくＩｏＴ決済や音声決済を推進している。音声アシスタントとの会話情報や、スマートホーム機器からの利用者の暮らしぶり、そしてコネクテッドカーからは車の運転情報がクラウドに集まってくる。

オンラインショップとリアル店舗から吸い上げたこの膨大なデータは、アマゾンやアリババの貴重な資産だ。データが集まれば集まるほど、ＡＩの活用によってサービスは進化する。利用者にはパーソナルな商品やサービスを提案し、マーチャントには、新規顧客の獲得施策や経営指標などをアドバイスする。利用者それぞれにカスタマイズした情報やリアルタイムのサービス提供がＡＩによって可能となる。

独自決済手段、クラウド、そしてＡＩ。これをアマゾンやアリババは推進エンジンとし、オンラインとリアルの両翼を大きく拡げ、まずは地球で、そして近い将来は宇宙空間に巨大な経済圏を構築するという野望を抱いているようだ。

経済圏の頭脳はＡＩ

経済圏の主要構成要員である利用者とマーチャントのディザイア（欲望）は変化し続ける。熱しやすく冷めやすい。その変化を瞬時に捉え、チューニングしたメッセージやサービスをリアルタイムに提供し、常にワクワク感を醸成し続けたい。それが次世代の覇者が描くビジョンである。

これを実現できるのはＡＩだ。だから、世界中の企業がこぞってＡＩ投資を加速する。領民のディザイアを満たすことができない経済圏は、あっという間に消滅してしまう。土地に縛られないバーチャル経済圏の領民は執着心が薄い。もっと便利で、もっと快適な経済圏へすぐに乗り換える。

すべてがネットにつながり、あらゆるデータがクラウドに収集できるようになった。決済情報、位置情報、車の走行情報などの構造化データだけでなく、画像や音声、動画などの非構造化データも集まってくる。

集積データそのものに価値があるわけではない。集積データを宝の山に変えるのがＡＩだ。瞬時にデータを解析、関連性をみつけ、重みづけをしたのち、意味のある情報に加工して伝える。そういう能力がＡＩにはある。

ＡＩに積極投資している企業はあまた存在する。グーグルやアップル、アマゾン、フェイスブックなどのデジタル企業。金融サービスでは、チェイスやシティ、バンクオブアメリカ、ペイパル。中国ではアリババ、テンセント、バイドゥなど。

その多くは自社グループのコーポレートベンチャーキャピタル（ＣＶＣ）を通じて、ＡＩ関連のスタートアップへ投資している。

ＣＢインサイツによると、次ページ図のように２０１２年のＡＩスタートアップへの投資件数は全世界で22件だった。２０１３年には30件になり、２０１４年は73件に急増。２０１５年は89件、２０１６年は１２８件と急伸している。２０１７年は上半期だけで88件。この調子でいくと、２０１７年の投資件数は過去最高となっているはずだ。

投資額をみると、２０１２年は１億６７００万ドルだった。それが２０１６年には17億７４００万ドル。４年で10倍になっている。２０１７年上半期の投資額は18億２００万ドルで、すでに投資額は２０１６年を超えている。

アマゾンは２０１６年９月、自然言語処理を活用したチャットコマースのエンジェル・エーアイ（Angel.ai）からヘッドハント。２０１７年１月には、データセキュリティの予

AI企業へのCVC投資金融と件数の推移

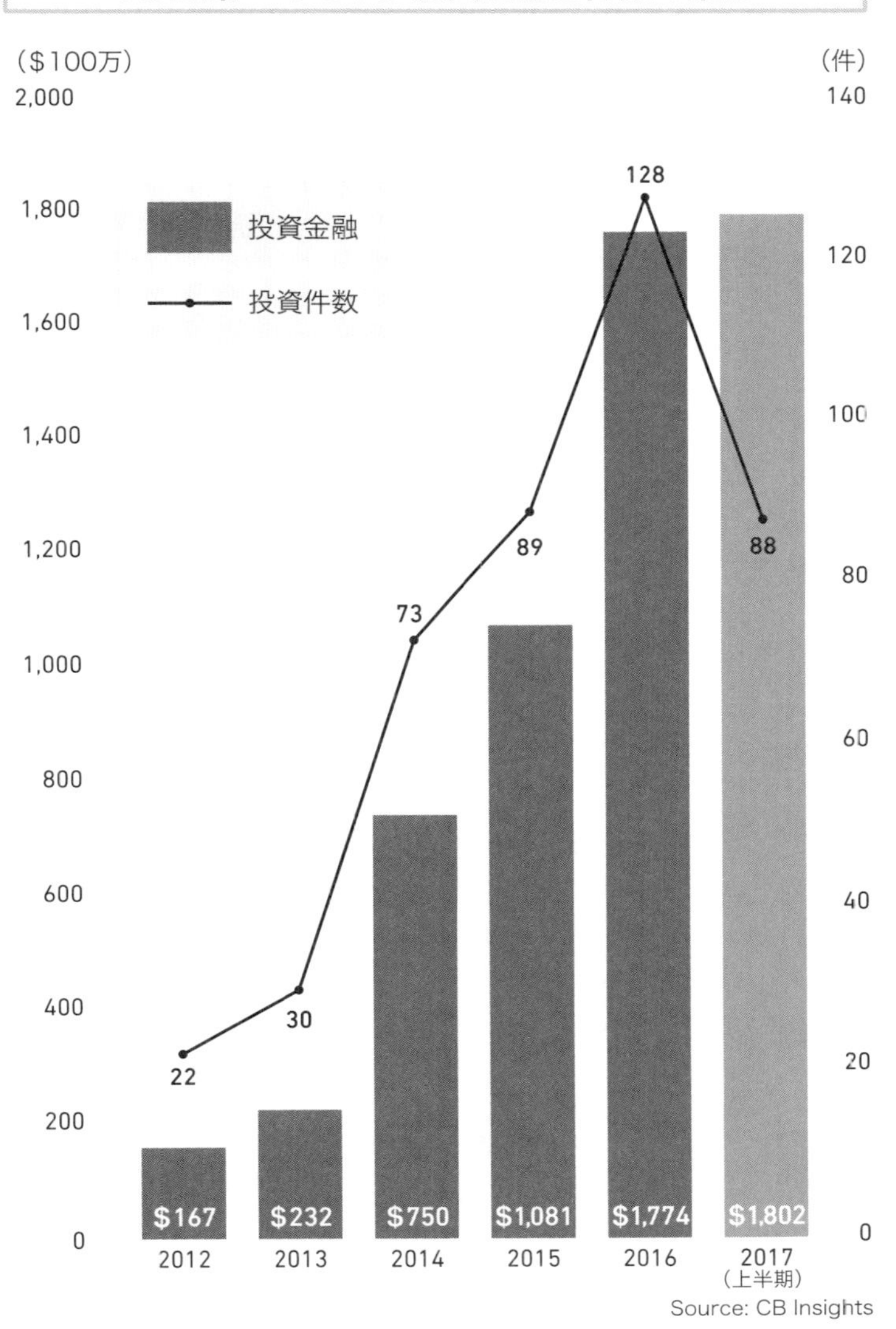

測分析に強いハーベスト・エーアイ（Harvest.ai）を買収している。

アリババはアマゾンのテクノロジーラボで人工知能研究開発の指揮をとっていたサイエンティストをヘッドハント。2016年6月には、イスラエルのスタートアップ、トゥイグル（Twiggle）へ投資している。トゥイグルの強みはモバイルの音声検索や会話型検索。オンラインショッパー（購入者）の苦痛をなくすため、検索に使った言語を理解し、最も関係の深い結果だけを導き出す検索プラットフォームの構築をめざしている。

グーグルは2016年7月、スマートフォンの画像認識に優れたムードストックス（Moodstocks）を買収した。スキャン情報をデジタル化するアプリインタフェースを提供している。9月にはチャットのプラットフォームを提供するエーピーアイ・エーアイ（Api.ai）を、2017年3月には、データ科学者の世界最大のコミュニティであるカーグル（Kaggle）を買収している。

アップルは2016年9月、インドの人工知能スタートアップ、チュープルジャンプ（Tuplejump）を買収。2017年2月にはイスラエルの顔認識技術の世界的リーダー、リアルフェイス（Realface）を買収。5月にはダークデータ（活用されずにお蔵入りしていたデータ）を構造化データに変換するラティス（Lattice Data）を買収している。

インテルやマイクロソフト、フェイスブック、ツイッター、セールスフォースなどもＡＩ企業の買収に余念がない。これらの企業に限らず、ＡＩが将来のビジネスを左右するとあって、ＡＩスタートアップへの投資・買収や技術者の引き抜きは年々ヒートアップしている。

ＡＩとは何か

ここまでＡＩということばを何度も使ってきたが、そもそもＡＩとは何なのだろう。ＡＩはArtificial Intelligenceの頭文字をとったもの。日本語では人工知能と訳される。

ＡＩとは、人間が脳で処理していた情報加工を、コンピュータのプログラムによって実現するソフトウェア。ここではそう定義する。

ソフトウェアなので、いろいろな種類がある。いま話題になっているものは４種類。機械学習、深層学習、自然言語処理、画像認識である。以下にその概要を述べる。

●機械学習（マシンラーニング）

与えられたタスクを達成するために、コンピュータがビッグデータを使って試行錯誤を繰り返し、自己学習しながら最適なモデルを構築する技術である。アマゾンやネットフリックスのパーソナル化した商品推奨プログラムはこれにあたる。

●深層学習（ディープラーニング）

機械学習の一種でニューラルネットワークを活用したもの。人間の神経回路と同じようなノードと伝搬によって多階層まで情報の関連性を処理し、認識や予測などの高度な情報をアウトプットする技術である。これまでニューラルネットワークの多層化は高コストで処理時間がかかるという問題があったが、情報処理技術の高度化と低廉化によって注目を集めるようになっている。２０１２年、グーグルはユーチューブの画像を深層学習ＡＩで処理したところ、３日間で猫を認識できるようになった。

●自然言語処理（ナチュラルランゲージプロセッシング）

人が日常生活で使っていることばをコンピュータに認識させ、発言の意図を理解しながら、テキストや音声によって回答する技術。多言語への翻訳や、パーソナリティの特徴をあぶり出すことも可能だ。

チャットボットや音声アシスタントは、自然言語処理を活用したものである。人間と同じような格好をした会話ロボットもそれほど遠い話ではない。

●画像認識（コンピュータビジョン）

画像や動画データをコンピュータに処理させ、パターンに基づいて、被写体が何かを認識・分類する技術。顔認証、歩行者認識など、ロボットの目となる技術である。自動運転車には欠かせない技術だ。

画像認識はＡＲ（拡張現実）にも展開できる。実世界の画像にバーチャルなモノや人を配置させ、あたかもそこにそれがある、という状況をシミュレーションする。ファッションやインテリアコーディネートに有効だ。

ＡＩの活用領域

ＡＩはコマースや金融サービス、ヘルスケア、自動車業界など、さまざまな分野で活用されている。ＡＩができることは何か。代表的なものは６つある。パーソナルな商品提案、タイムリーなメッセージ、スムースなプロセス、高品質の問い合わせ対応、精度の高い不正検知、リアルタイムのリスク測定である。

パーソナルな商品提案とタイムリーなメッセージは、売上をアップする。スムースなプロセスと高品質の問い合わせ対応は、業務効率を改善しコストダウンに寄与する。精度の高い不正検知とリアルタイムのリスク測定は、リスクマネジメントの強化に役立つ。

ＡＩ技術は企業経済圏の成長に貢献し、その結果、世界経済へも貢献する。ＢＩＩ（ビジネスインサイダーインテリジェンス）は、２０３０年までに世界経済へ16兆ドルの積み上げ効果があると予測した。中国に限っていうと、ＡＩ導入企業によって、中国ＧＤＰの26％が創出されると予測している。その中核となるのが、小売、金融、そしてヘルスケアである。

ＡＩはコンピュータプログラムなので、目にみえない。耳をすましても聞こえない。ＡＩが導き出した結果を利用者にわかりやすく伝えるのが、チャットボットや音声アシスタントなどのバーチャルロボットである。

音声アシスタントが経済圏バトルを苛烈化

チャットボットは、顧客とテキストで会話（チャット）するバーチャルロボット。音声

バーチャルロボットがサービスを創出

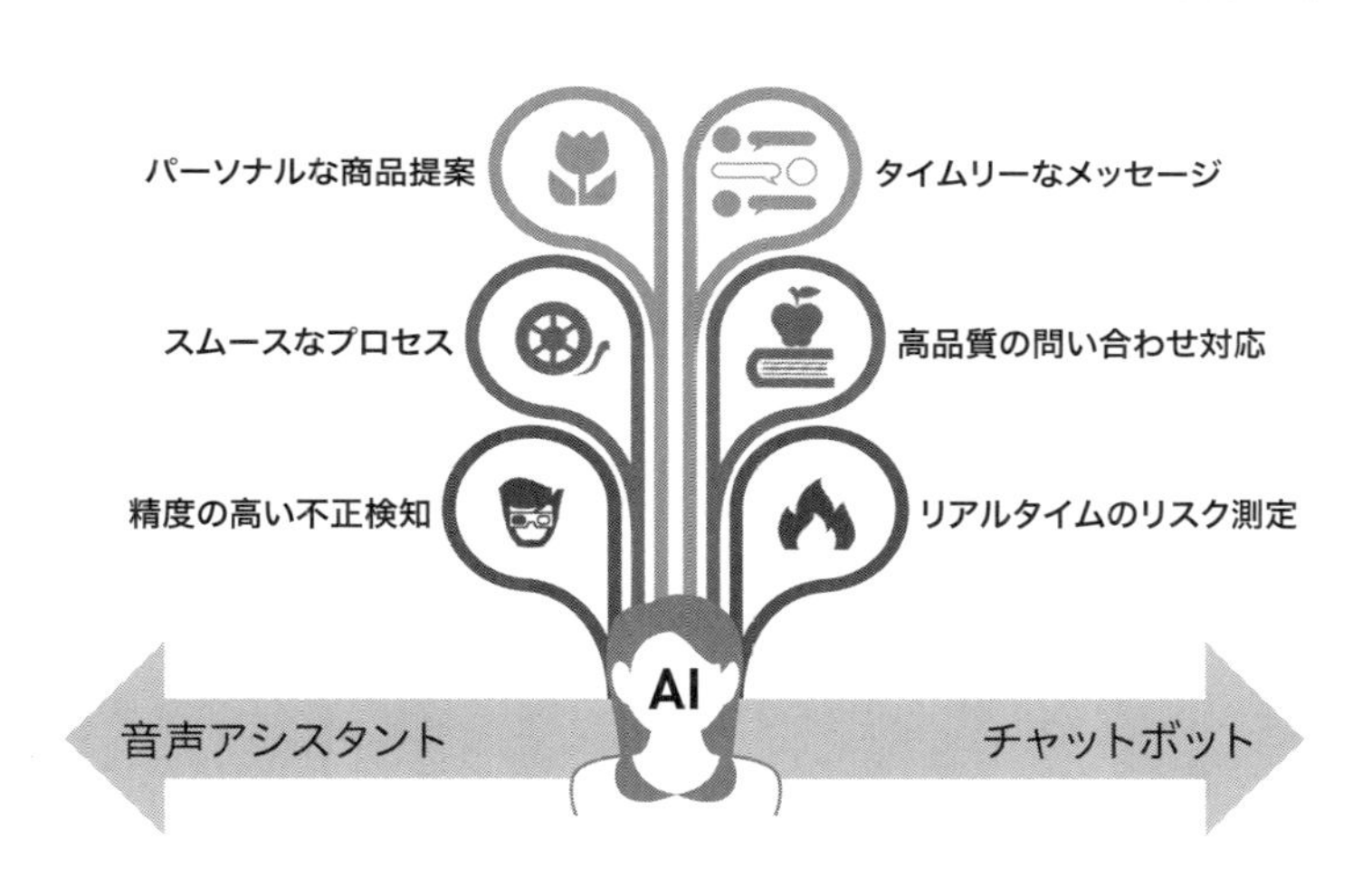

アシスタントは、顧客と音声で会話するバーチャルロボットである。

例えばコールセンター。これまでは利用者とオペレーターが電話で対話していた。これがチャットボット対応になり、音声アシスタントに進化する。ＡＩをもったバーチャルロボットがいま、サービスを新たなステージに高めようとしている（上図参照）。

音声は文字入力に比べ、簡単で便利だ。入力が苦手なシニアも使える。音声アシスタントに声がけすれば、音声やテキストで答えてくれる。欲しい商品やみたい映画も瞬時に提示してくれるから楽だ。

このＡＩ活用の音声アシスタントが独自経済圏競争の牽引車になってくる。アマゾンは音声アシスタントのアレクサ（Alexa）をアマゾン製品から開放し、アマゾン以外のメーカーにもアレクサを使えるようにした。その結果、２０１７年１月にラスベガスで開かれた消費者家電展（ＣＥＳ）では、７００点以上の製品にアレクサが搭載されたのである。

音声アシスタントがこれほどのパワーをもっているとは、アマゾンも想定していなかったに違いない。アマゾンにはアレクサによる経済圏の拡大という直接的なメリットとともに、もう１つ大きなメリットが生まれた。アレクサの開放によって、アマゾン製品の購入者ではない人もアレクサを使う。そうなれば、アレクサとの会話データが世界中から集まり、加速度的にアレクサの頭脳が進化するというメリットである。

アレクサを採用した機器での会話情報が、アマゾンクラウドにすべて集まる。会話情報だけでなく、画像や動画データも集まる。質の高い膨大なデータ集積によって、アレクサの知力が進化し続ける。それがまた、アマゾン経済圏のサービス品質を高めるのである。

この野望に気づいたグーグルやアップル、アリババやバイドゥは、ＡＩ活用の音声アシスタントサービスの強化に動いた。それが、スマートスピーカー戦争であり、音声アシスタント戦争になっているのである。

4 経済圏拡大の鍵は独自決済とAI活用にあり

独自決済手段へのこだわり

もう一度34ページの図をみていただきたい。アマゾンやアリババ経済圏の拡大シナリオは、すべてのデータを吸い上げることからはじまる。オンラインだけのデータでは不十分。リアル世界での行動データも捕捉するチャネルと仕掛けが必要なのだ。

リアル店舗へ食指を伸ばしているのもその一環。音声アシスタントをスマートホーム機器やコネクテッドカーに組み込んでいるのも、リアル世界での行動データを収集するためである。

アマゾンがホールフーズを買収し、アリババが百貨店チェーンなどを買収しているのは、売上を増やしたいという単純な目的ではない。オンラインとリアルを融合させながら、業務効率を上げ、顧客のすべてのデータを吸い上げようという狙いがある。

経済活動の鍵となるのは決済である。取引が活発になれば、経済は成長する。決済データはまた、その時点の顧客の欲求を推測する指標になる。だからアマゾンやアリババは独自決済手段にこだわっている。

集積したデータを価値あるものに変えるのがAI

アマゾンやアリババがクラウドに力を入れているのは、そこにすべてのデータを取り込むためである。決済データや商品データとともに、音声や画像、動画などの非構造化データも積極的に吸い上げる。

集積したデータを価値のあるものに変えるのが、ＡＩである。機械学習や深層学習、自然言語処理に画像認識。これらを組みあわせて、顧客一人ひとりにパーソナルな商品やサービスの提案をする。

経済圏拡大に必要なものは、オンラインとリアル店舗の単純な足し算ではない。核となるのは、独自決済手段と紐づいたデータと、それを加工するＡＩなのである。それがアマゾンやアリババにはわかっている。

ウォルマートやターゲット、メイシーズなどの世界の既存大手小売流通は、アマゾンやアリババに対抗しようと、Ｅコマース企業の買収や提携を加速している。しかし、大手小売流通の独自経済圏構想はむずかしい。

それはＤＮＡがちがうからである。オンラインビジネスの根幹はデータの収集と活用にある。アマゾンやアリババは個人を特定し、データを分析加工して商品やサービスを提案。リピート購入を促進することで売上を伸ばしてきた。

いっぽう大手小売流通は、日々の店舗売上がすべて。店長やスタッフの勘と経験、人あたりのよさに依存するところが大きい。個人の特定やデータの活用からはほど遠いところにいる。

だからオンライン企業の買収や提携で対抗措置を講じようとしても、うまく機能しない。既存大手小売流通はデータ活用という文化をもたず、ＩＴ投資への理解も低い。決済と紐づいたデータを収集するクラウドや、それを加工するＡＩもなく、オンラインとリアル店舗の融合という形だけを真似ても、アマゾンやアリババには対抗できない。

消費者やマーチャントの利便性のために独自決済を開発したアマゾンやアリババは、はからずも金融破壊者と呼ばれるようになった。大手小売流通だけでなく、既存大手金融機関も対抗策を打とうとしている。しかし、金融業界もデータ活用という文化が育たない。データベースマーケティング、データウェアハウス、CRMなど、時代の節々でチャレンジしてはみたものの、成功しているところはない。

金融破壊者たちの野望。それは巨大な独自経済圏を構築すること。彼らは利用者視点に立ち、利用者の求めるものをデータから導き出す体制と文化を保有している。情報技術の進展が、金融破壊者たちの変革スピードをどれだけ加速するか。これから目のあたりにすることだろう。

第2章

ワンクリックで創出した アマゾン経済圏

1

アマゾン経済圏の実力

デンマークやトルコの国家予算を超えたアマゾン経済圏

経済圏の実力を測定する指標は、売上高と成長力であろう。2017年、アマゾンの売上高は1779億ドル（次ページ図参照）。日本円に換算すると、約20兆円になった。これがどれくらいすごいことなのか。米国中央情報局（CIA）がまとめた2017年世界各国の国家予算（歳入）と比較してみよう。アマゾンの売上高は、サウジアラビアの1716億ドル、デンマークの1735億ドル、そしてトルコの1739億ドルを超えている。

日本の平成30年度一般会計予算は約97兆円。アマゾンの売上高はその20%に相当する。アマゾンの創業は1994年のこと。それからわずか23年で巨大な経済圏を築き上げたの

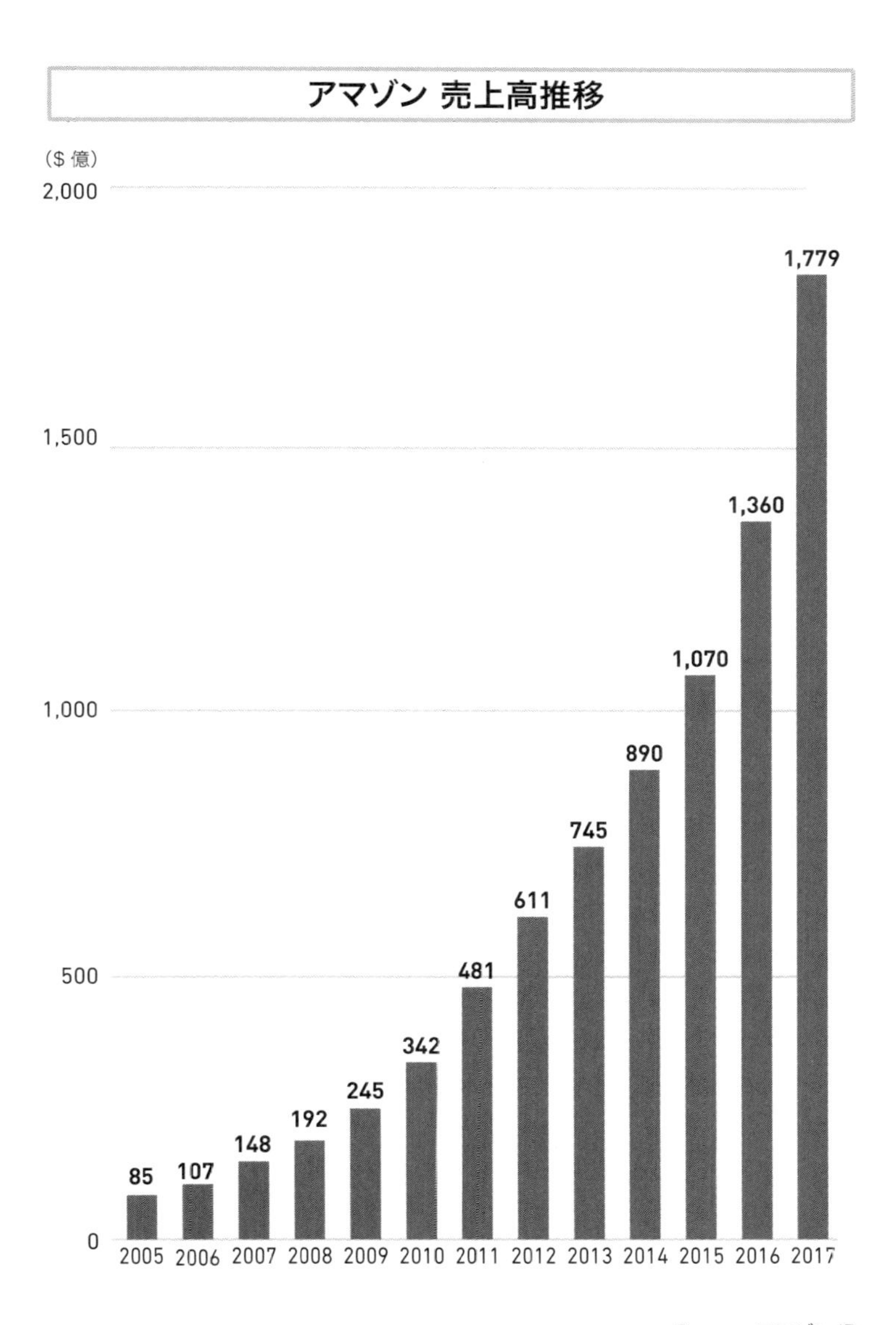

Source: アマゾン IR

である。成長率も驚異的だ。２０１７年の売上高成長率は41％。ここ十数年来ずっと20％以上の成長を続けている。この成長を支えているものは何なのか。

アマゾン経済圏の成長要因は何か

アマゾンといえばＥコマース。Ｅコマース市場の伸びがアマゾンの成長要因と考えるのは、至極まっとうなことではある。確かに、米国のＥコマース市場は高い成長率を維持している。米国商務省によると、米国の２０１７年、Ｅコマース成長率は16％の伸びだった。しかし、アマゾンの売上高を構成しているのはＥコマースだけではない。なおかつアマゾン経済圏は米国だけではなく、国際的だ。

Ｅコマース以外にアマゾンはどんなビジネスを展開しているのだろう。アマゾンは事業成果を測定し、業務管理を容易にするため、３つのセグメントで運営している。北米、国際、そしてＡＷＳである（次ページ上図参照）。ＡＷＳはアマゾンウェブサービスの略称。北米と国際はＥコマースに関係するセグメント。しかしＡＷＳは別物だ。アマゾンが培ったクラウドコンピューティング技術を一般開放し、企業や個人にサービスとして提供している。

アマゾン 売上高構成

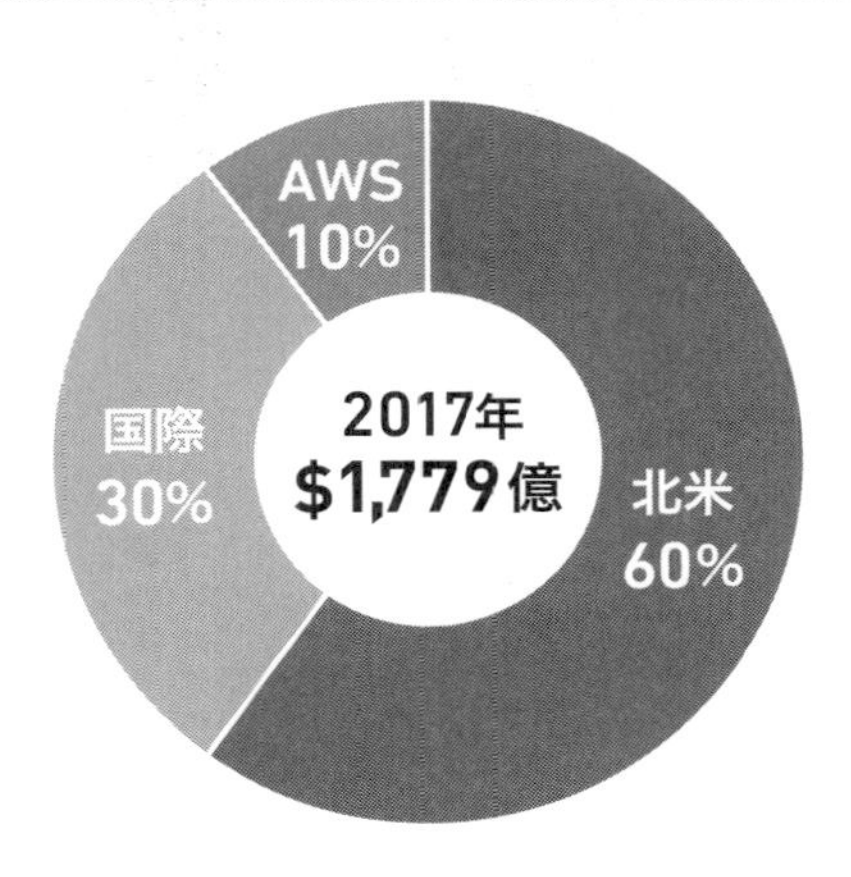

アマゾン 営業利益の推移

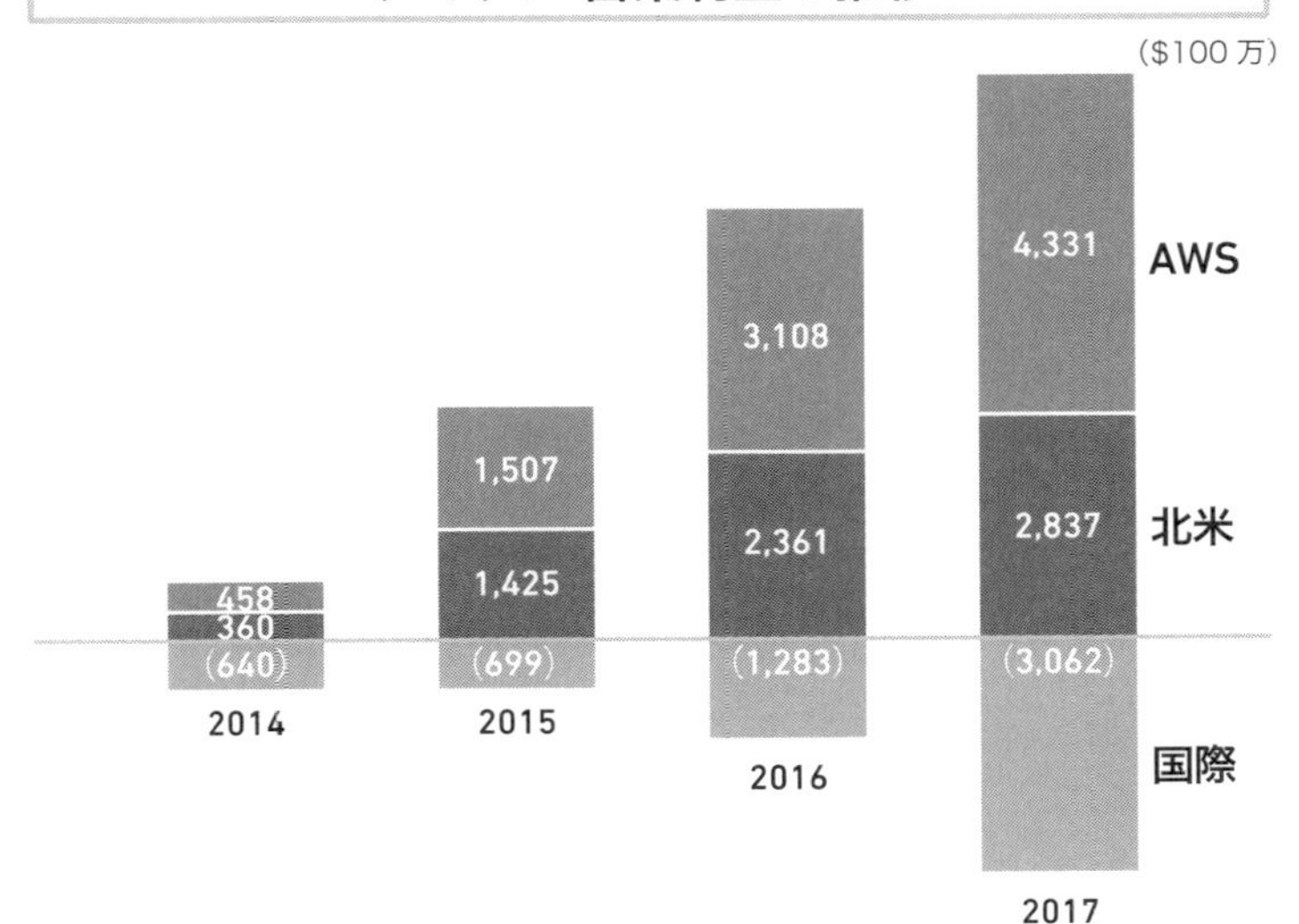

Source: アマゾン IR

売上高構成比でみると、北米が60％、国際が30％、ＡＷＳはわずか10％しかない。しかし成長率では、ＡＷＳの伸びがすごい。43％と急伸しているのである。北米は33％、国際は23％の伸びだ。

２００６年にスタートしたＡＷＳ。現在では世界１９０カ国以上、月間１００万以上の稼働利用者を有している。ＡＷＳを使えば、サーバなどのハードウェア機器の購入や運用は不要。モバイルサービスやアマゾンが誇るＡＩも活用できる。しかも低価格でオンデマンド利用できるのが強みだ。

営業利益でみると、ＡＷＳがアマゾンの成長を支えていることがよくわかる（前ページ下図参照）。２０１７年ＡＷＳの営業利益は43億３１００万ドルで３セグメント中トップ、北米は28億３７００万ドルの利益、国際は30億６２００万ドルの赤字だった。２０１４年から営業利益の稼ぎ頭はＡＷＳなのである。この利益があるから、アマゾンは積極投資ができる。それがアマゾンの成長を加速させている。

しかしＡＷＳが売上に寄与しはじめて、まだ数年しか経っていない。リセッションをものともせず、長きにわたって成長し続けてきた理由を説明するには無理がある。まだほかにアマゾンの成長を支えているものがあるのではないだろうか。それは、商品なのか、営業展開エリアの特性なのだろうか。

成長要因は商品かサービスか

アマゾンの売上高を別の角度から解剖してみよう。２０１７年の売上高１７７９億ドルを、商品とサービスで分類するとどうなるか。商品売上が64％、サービス売上は36％となる（次ページ図参照）。

商品売上に含まれるものは４つ。アマゾンがマーケットプレイスで販売している商品とその配送費、アマゾンが開発したデジタル機器（キンドル、ファイアタブレット、ファイアＴＶ、エコーなど）、音楽や動画などのデジタルコンテンツ（ワンタイム型：１回の利用で課金されるもの）、そしてプライム会員の会費である。

サービス売上に含まれるものは５つ。ＡＷＳ、販売店コミッション（アマゾン経済圏の販売者がアマゾンのプラットフォームを利用する際の手数料と配送費）、デジタルコンテンツ（継続課金型：サブスクリプションサービス）、広告サービス、そして提携カードの手数料である。

商品とサービスのどちらの成長率が高いのか。２０１７年の商品売上高成長率は25％。

アマゾン 商品とサービスの割合

AWS

販売店コミッション

デジタルコンテンツ（継続課金型）

広告サービス

提携カード

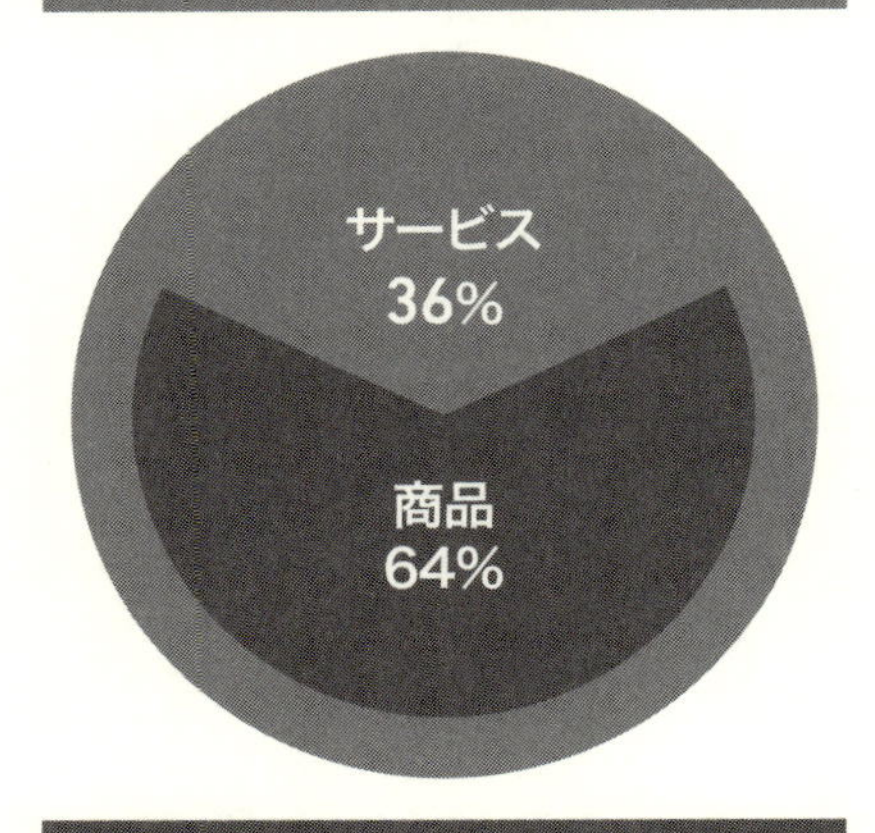

商品販売・配送費

デジタル機器

デジタルコンテンツ（ワンタイム型）

プライム会員の会費

Source: アマゾン IR

アマゾン 国別売上高構成

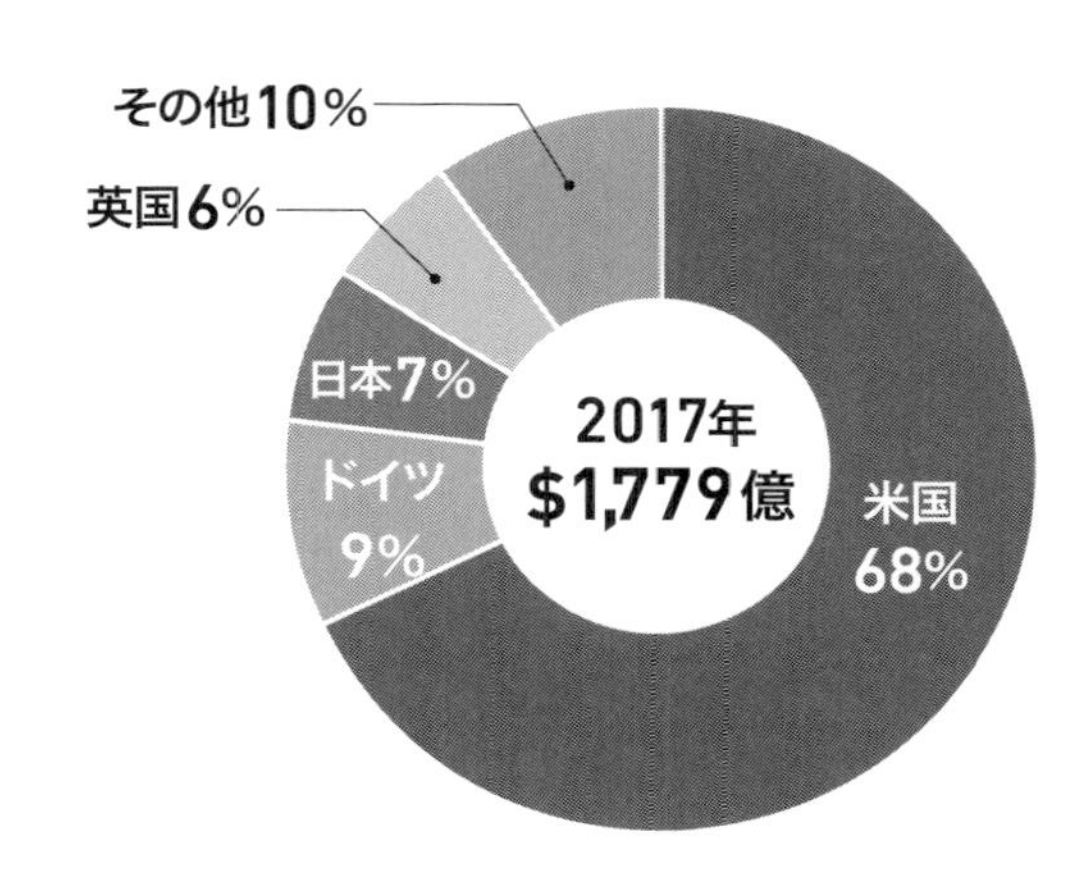

Source: アマゾン IR

対するサービス売上高成長率は43％だった。サービスでもＡＷＳが成長を牽引している。

成長要因はエリア特性によるものか

アマゾンは世界14カ国でウェブサイトを運営している。売上高の多い順に並べ替えると、トップは米国で68％。ついでドイツが9％、日本が3位で7％、英国が6％と続く（上図参照）。その他の国は合計で10％となっている。

その他を除く主要4カ国で、２０１７年に最も成長率が高かったのはどこか。米国である。前年対比33％の成長率だった。ついでドイツが21％増、英国が19％アップ、日本は10％と低い成長率だった。米国の成長を後押ししたのは、ホールフーズの買収である。長期成長要因をエリアで捉えるのはむずかしい。

アマゾン劇場の登場人物

デンマークやトルコの国家予算を超えるまでに成長したアマゾン経済圏は、どんな人たちで構成されているのだろう。次ページ図のようにアマゾン劇場にたとえれば、観客は消費者、劇場運営と主人公はアマゾンだ。準主役はサードパーティの販売者（セラー）。というのは、アマゾン売上に占めるサードパーティ販売者の売上比率は18％で、アマゾン独自の売上高61％につぐ存在だからである。

舞台を運営するシステムはＡＷＳ。ここにも開発者や企業、個人という利用者が関与している。世界１９０カ国以上、月間１００万人以上の稼働利用者がいるが、経済圏への寄与度（売上比率）はまだ10％だ。アマゾンの仕入先（サプライヤー）や商品デリバリー業者、ＡＷＳのベンダーや開発者もアマゾン劇場のキャストである。

アマゾン劇場が活況になればなるだけ、これら関与者全員が潤う。つまり観客動員数を増やすことが鍵となる。何回も劇場に足を運んでくれる優良顧客を増やすため、アマゾン

THEATER アマゾン
ベンダー
デリバリー
サプライヤー
開発者
・サプライヤーはアマゾンに対して商品を販売する人
・セラーはアマゾンというプラットフォームを使って消費者に商品を販売する人
・ベンダーは設備や機器をアマゾンに提供する人
主役
アマゾン
準主役
販売者（セラー）
観客
アマゾン利用者・プライム会員などの顧客

は２００５年、プライム会員というプログラムを開発し、リリースした。２０１８年第１四半期の投資家に向けた書簡で、ジェフリー・ベゾス（Jeffrey Preston Bezos）最高経営責任者は、プライム会員数が1億人を突破したことを明らかにした。プライム会員制度をスタートしてから13年、全世界で1億人を超える優良顧客を獲得したのである。

米国の投資銀行、パイパージャフレーによると、年収が高い世帯ほどプライム会員が多い。日本円にして年収が１２００万円を超える世帯では82％がプライム会員。いっぽう、４００万円以下の世帯では52％となっている。平均すると、米国世帯の約60％がアマゾンのプライム会員だという。ちなみに米国の世帯数は約１・２億である。

米国のプライム会員料金は年間プランが１１９ドル。日本は年間プランが３９００円である。アマゾンにとってプライム会員は利用額が高く、しかも会費を支払ってくれる最優良顧客なのである。

アマゾンの成長要因はフィンテック

アマゾン劇場を盛況にするには、無料客を増やしても意味がない。入場料を払い、関連グッズやサービスをリピート購入してくれる優良顧客を増やす必要がある。

入場料を払い、リピート購入するという行為。この決済に目をつけたのがアマゾンである。決済の利便性がリピート促進につながる。ワンクリック決済はこの発想から生まれた。1997年のことである（次ページ図参照）。カード情報や配達先住所をあらかじめ登録しておけば、ワンクリックで決済し配送される。この利便性が大いに受けた。

ワンクリック決済の成功を元に、アマゾン以外のウェブサイトでも使えるように開放したのが2013年。アマゾンペイという呼称でパートナーを増やし、その顧客をアマゾンに呼び込んだ。

2012年、アマゾンのマーケットプレイスに出店する販売者の売上アップに寄与する施策として打ち出したのが、アマゾンレンディング（Amazon Lending）。融資サービスだ。販売者の決済データに注文履歴や出荷履歴などを掛けあわせ、融資額や金利を設定するというユニークなサービスである。

2014年になると、IoT時代の先駆けとして、音声アシスタントを搭載したスマートスピーカー、アマゾンエコー（Amazon Echo）を発売。ワンクリックという入力行為なしで、音声で決済できるインフラを構築した。

スマートホームの実験的デバイスは、2015年にリリースしたアマゾンダッシュボタ

アマゾンとフィンテックの歴史

- 1994年　アマゾン設立
- 1997年　1-Click決済開始
- 2000年　日本でサービス開始
- 2005年　アマゾンプライム開始
- 2012年　アマゾンレンディング開始
- 2013年　アマゾンペイ開始
- 2014年　アマゾンエコー発売
- 2015年　アマゾンダッシュボタン発売
- 2016年　アマゾンゴー発表
- 2017年　ホールフーズ買収
- 2017年　アマゾンペイプレーシズ開始
- 2018年　アマゾンゴー開始

ン（Amazon Dash Button）。インターネットにつながるこのボタンを押せば、ワンクリック決済と連動してすぐに日用品が買える。２０１６年には次世代決済を取り入れたスマートショップのコンセプトを発表した。アマゾンゴーである。チェックアウト不要、レジに並ぶ必要もないという画期的な次世代ショップで、２０１８年1月にオープンした。

２０１7年、アマゾンはオンラインからリアル世界へ舞い降り、地上作戦を加速させる。8月には自然食品スーパーのホールフーズを約１・５兆円で買収。9月には米国百貨店のコールズと提携。インドでも百貨店チェーンのショッパーズストップへ投資した。7月にはこれらリアル店舗で使えるモバイル決済、アマゾンペイプレーシズ（Amazon Pay Places）をスタートしている。

アマゾンの急成長は、オンラインコマース市場の成長や商品開発力、あるいはグローバル展開によるところがないとはいえない。しかし、決定的な成長要因は、金融とテクノロジーを組み合わせたフィンテックなのである。ワンクリックにはじまり、アマゾンペイや音声決済、そしてＩｏＴ決済など、決済に対する執着心は衰えるところを知らない。そのフィンテックで、アマゾン劇場の最優良顧客であるプライム会員やマーチャントを魅了し続けているのである。だから連日満員御礼の超ロングラン公演を続けられる。

2

ワンクリックからフィンテックへ

顧客への執着心から生まれたワンクリック

ワンクリック決済はアマゾンプリンシパル（基本ルール）から生まれた。アマゾンには4つのプリンシパルがある。誰にも負けない顧客への執着心(カスタマーオブセッション)、発明への情熱、卓越したオペレーション、そして長期的思考である。顧客への執着心とは、顧客の立場から利便性や楽しさを徹底的に追求することである。

この4つのルールから生まれたのが、顧客のレビュー、ワンクリック決済、パーソナルな商品提案、プライム会員、スピード配送、クラウドサービス、デジタル書籍のキンドル、ファイアタブレット、ファイアTV、スマートスピーカーのアマゾンエコー、音声アシスタントのアレクサなど、いずれもアマゾン独自で開発したサービスだ。

アマゾンの創業は１９９４年。実際にサービスを開始したのは１９９５年である。それから2年後の１９９７年、アマゾンはオンラインショッピングのスタイルを一変させたワンクリック決済を発明する。それを思えば、アマゾンの今日を作ったのはワンクリックといえなくもない。

ワンクリックは、購入ボタンを1回クリックするだけで商品を注文し、決済できる機能だ。オンラインショッピングで面倒なのは、購入のたびに決済情報や配送先情報を入力しなければならないことだった。決済情報では、カード番号、有効期限、名義、そしてセキュリティコード（偽造カードでないことを確認）を入力。配送先情報では、氏名、住所、電話番号、メールアドレスなどを記入する（次ページ図参照）。

この煩雑なプロセスを省略できれば顧客の利便性は増し、購入率が増える。そこで考えたのが、ワンクリック決済。アマゾンアカウントに決済情報と配送先情報を登録しておけば、ワンクリックで自動的に支払いと配送が実行される。

オンラインで商品を選び、アマゾンのカートに投入。その後ワンクリックボタンを押せば、チェックアウトが完了するというシンプルなプロセスだ。

事前に登録したデータを活用して決済するという発明は、それほど複雑な仕組みではな

ワンクリック決済で利便性を高める

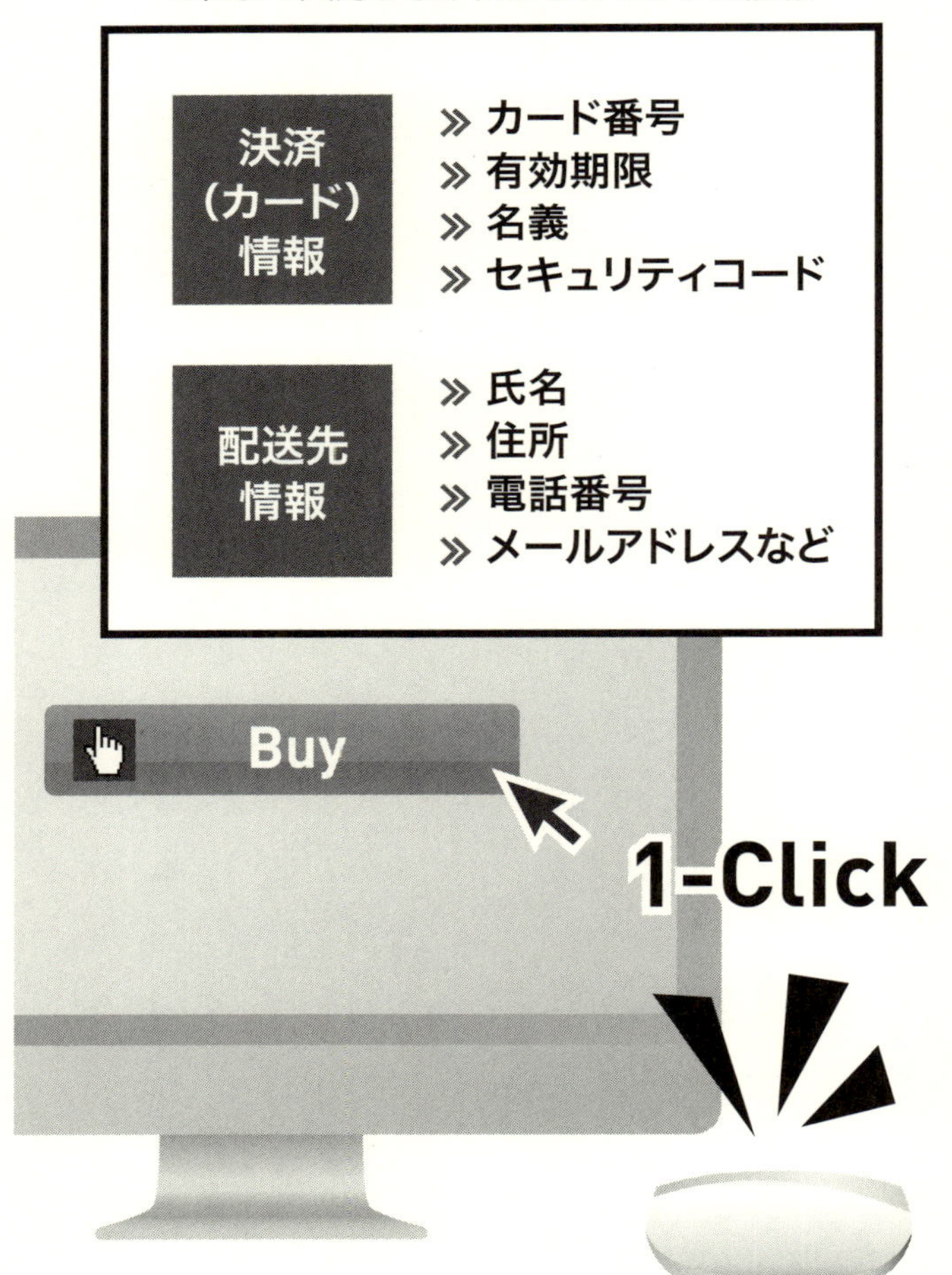

い。ところがワンクリックは１９９９年、米国特許を取得してしまう。申請から特許の確定までわずか１週間という早さだった。ワンクリックという商標も取得した。

競合は驚天動地。この機能を勝手には使えない。いやいやながらライセンス料を支払った１社にアップルがいる。しかし２０１７年９月、ライセンスを支払っていた会社は、その苦痛から解放された。ワンクリックの特許有効期間が過ぎ、失効したのである。

特許が失効したからといって、アマゾンの決済経済圏への影響はない。ワンクリックに連携する多様なメニューを着々と揃えてきたからだ。スピード配送、動画、音楽、書籍などのデジタルコンテンツ、スマートホーム機器と連動するＩｏＴ決済、音声による注文決済など、次々に革新的なメニューを開発している。

何より、アマゾンにはワンクリック決済によって蓄積した膨大な資産がある。それは決済トランザクションデータという資産である。誰が、いつ、どんな商品を選び、何を買ったか、という詳細データを保有しているのである。

この宝の山からアマゾンは将来にわたって新しい商品やサービスを開発できる。あるいは新規顧客の獲得やリピート顧客の育成ができるのである。

「ググる」から「アマゾる」へ変えたワンクリック決済

決済の利便性は検索行動をも変える。これまでネット検索といえばグーグルの独壇場だった。しかし、商品検索となると、いまやグーグルではなく、アマゾンになったのである。

初回検索のシェアでは、アマゾンが55%となり半数を超えた（次ページ図参照）。消費者の間では、商品検索を「ググる」とはいわない。「アマゾる」というバズワードに変わっている。

商品検索のためだけであれば、ここまでアマゾンが利用されることはない。購入者のレビューを参照し、価格を比較、そして最終的にはワンクリックで購入できる、というシームレスなプロセスがあるからだ。

これに危機感を覚えたグーグルは2017年7月、ショッピング機能を改善。商品リストの羅列ではなく、もっとビジュアルに、もっとダイナミックに商品をアピールできるよう、商品の写真と説明でわかりやすくしたカード型広告を用意した。広告主は、ブランドやイベント、サービス、商品カテゴリーなどを設定できる。さらに8月には、ウォルマー

ネットの初回検索シェア

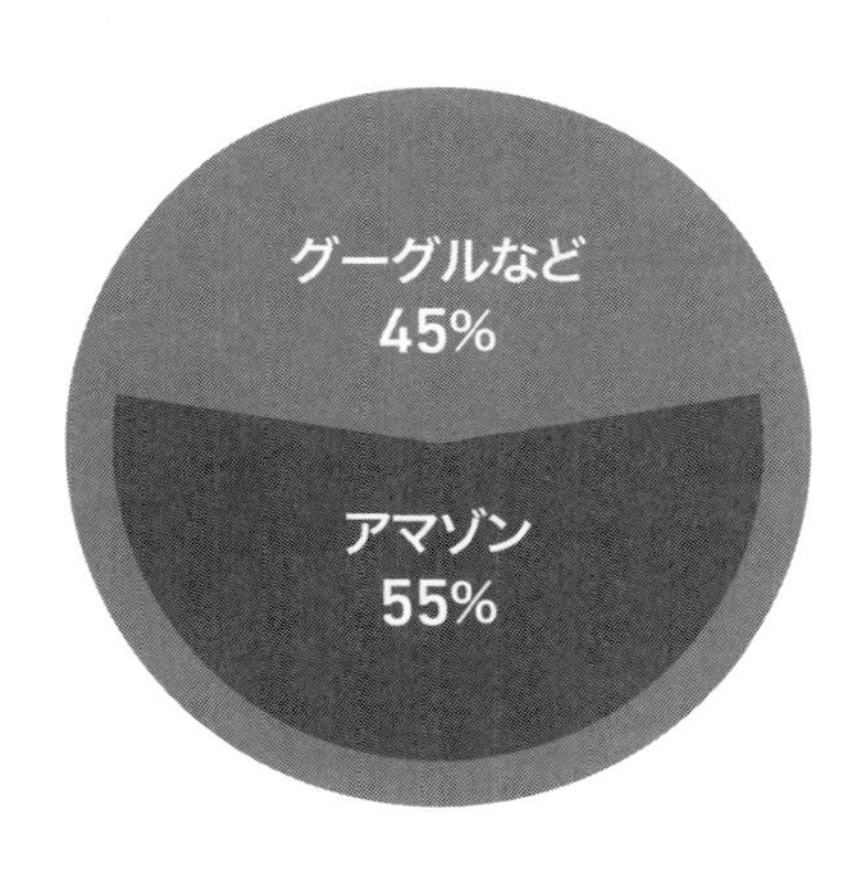

Source: BloomReach "State Of Amazon" Study 2016

トとインターネット通販で提携し、アマゾン対抗を鮮明にした。しかしグーグルには、検索から商品購入、決済、配送までシームレスにできる機能がない。アマゾンとの差は縮まりそうにない。

ワンクリック決済を一般開放し、経済圏を拡大

２００７年、アマゾンはワンクリック決済の開放を決めた。オンラインショップを自社で開設しているマーチャントでも、ワンクリック決済と同様のサービスを導入できるようにしたのだ。パートナーの獲得によって、アマゾン経済圏を拡大するためである。

アマゾンペイ導入前後の変化

Source: Amazon Pay Website

導入マーチャントは、アマゾン顧客を自社サイトに呼び込める。その際、ワンクリックとはいかず最短2クリックになるが、スピーディで安全な決済を顧客に提供できることに変わりない。

パートナーへ開放するにあたり、アマゾンはこのサービスの名称をフレキシブルペイメントサービス（Amazon Flexible Payment Service）とした。この長すぎるサービス名称では、せっかくのスピーディな決済がかすんでしまう。現在はアマゾンペイ（Amazon Pay）に改称している。

オンラインショッピングの利用機器はパソコンからスマートフォンへ移行している。その小さな画面から、氏名や配送先住所、カード番号などを入力するのは大変だ。入力途中でやめてしまう人が多い。この煩雑な入力を不要にしたのがアマゾンペイである。

米国の導入マーチャントは、レノボやワシントンポスト、ゴルフナウなど。日本ではメガネのジンズやインテリアのケユカなど。

アマゾンによると導入前と導入後のコンバージョン率（購入率）は１・５倍、新規顧客獲得数は56％アップするという（前ページ図参照）。

アマゾンペイによって経済圏は世界１７０カ国へ広がった。２０１６年末のアマゾンペイ利用者は世界で３３００万人。半数がプライム会員だ。平均購入単価は80ドルと高い。

アマゾンのしたたかなカード戦略

利用者がワンクリック決済を使うには、支払いに使うカードを登録する必要がある。アマゾンにとって、これは大きな負担である。カード会社（アクワイアラ）に加盟店手数料を支払わなければならないからだ。

仮に手数料を2％とすると、その額は年間いくらになるか。20兆円の売上があった場合は、なんと４０００億円をカード会社に支払うことになる。もし登録するカードを自社化できれば、その出費を抑え、利益を高められる。

２００９年、アマゾンはチェイスと提携し、アマゾンを冠したクレジットカードを発行した。リウォーズ・ビザ・シグネチャーカード（Amazon Rewards Visa Signature Card）である。

顧客はカード申し込みが承認されれば、即時に50ドルのアマゾンギフトカードを獲得できる。加えて、アマゾンでの購入額に対し３％のキャッシュバック。ガソリンスタンドやレストラン、ドラッグストアでは２％、その他の利用では１％のキャッシュバックがもらえるという魅力的なカード。それでいて年会費は無料だ。

一見、アマゾンの負担が大きいように思われるが、他社カードに流れる手数料を減らした分を顧客に還元している。アマゾンのメリットはもう１つある。世界中のビザ加盟店へ、ゆるやかなアマゾン経済圏を拡大できることである。このカードをもつ米国人が、日本の寿司屋でカードを使った場合、寿司屋はアマゾンの経済圏に組み入れられる。アマゾンには寿司屋の店名と帰属国、利用日時、利用金額、利用通貨などのトランザクションデータが蓄積されるからである。

２０１７年にはこのカードをプライム会員向けにバージョンアップ。プライムリウォーズ・ビザ・シグネチャーカード（Amazon Prime Rewards Visa Signature Card）を発行した。アマゾンでの購入額に対し５％のキャッシュバック。ガソリンスタンドやレストラン、ドラッグストアでは２％。その他の利用では１％のキャッシュバックがもらえる。年会費は無料で、海外利用時の為替手数料も無料。24時間コンシェルジュサービスがつく。

プライム会員向けに魅力的な特典をつけたことにより、プレミアムカード欲しさにプライム会員になる人が増えている。アマゾンにとって、収益性の高いプライム会員の増加はうれしい。ドイツの調査会社、スタティスタによると、非プライム会員の年間購入額は700ドル、プライム会員は1300ドルと高い。

提携カードはアマゾンの売上を増やすだけではない。アマゾン以外のビザ加盟店で使われた場合、手数料の一部と、リボルビング残高から上がる金利収入の一部がコミッションとしてアマゾンに支払われるのである。

ストアカードで若年層を取り込む

2011年には、アマゾンだけで使えるストアカード（Amazon.com Store Card）を発行した。これもワンクリック決済に登録して使う。ビザがつかないカードで、年会費無料。

1カ月の購入金額によって、6カ月、12カ月、24カ月の支払い猶予期間がつく。期日までに一括払いすれば金利はつかないが、一括返済できない場合は残高に金利がかかる。

このカードの狙いは3つ。若年層にキャッシュレスの決済手段をスピーディに提供すること、他社カードに流れる手数料の削減、支払い猶予によって高額商品を購入しやすくし、客単価を上げる、という狙いである。国際ブランドがつかないため、利用できるのはオンラインだけだ。

2015年にはプライム会員向けにビザブランドをつけたプライムストアカード（Amazon Prime Store Card）を発行した。これまでのストアカードの機能に加え、購入金額の5％キャッシュバックという特典がつく。

アマゾンの経済圏拡大を牽引しているのはワンクリック決済だ。簡単にチェックアウトできるというこの決済には、カードをあらかじめ登録してもらう必要がある。それがアマゾン以外のカードであれば、そのカード会社に手数料を支払わなければならない。この負担が結構大きかった。

他社カードから自社カードや提携カードへの切り替えは、コスト削減と手数料収入のアップ、さらには経済圏拡大に寄与しているのである。

ワンクリックを進化させたＩｏＴ決済

ダッシュボタンでクイックリピート注文

スマートホームやコネクテッドカーで、顧客の生活はどう変わるのだろう。すべてのものがインターネットにつながるＩｏＴ時代にふさわしい決済とは何か。顧客への執着心（カスタマーオブセッション）と発明への情熱を忘れないアマゾンは、常に近未来の世界を描き、試行錯誤を繰り返しながら利便性の高い決済探しにチャレンジしている。

スマートホーム機器としてデビューしたのが、アマゾンダッシュボタン。次ページ図のようにボタンを押すだけで商品を注文し、決済できるプライム会員向けのサービスだ。ダッシュボタンは２０１５年３月のリリース。洗剤やトイレットペーパー、スナックなどのブランドロゴをつけたもので、そのブランド商品だけを買えるボタンである。生活日用品は

アマゾンダッシュボタンの利用法

① 設定

ダッシュボタンを設置し、アマゾンアプリとペアリング

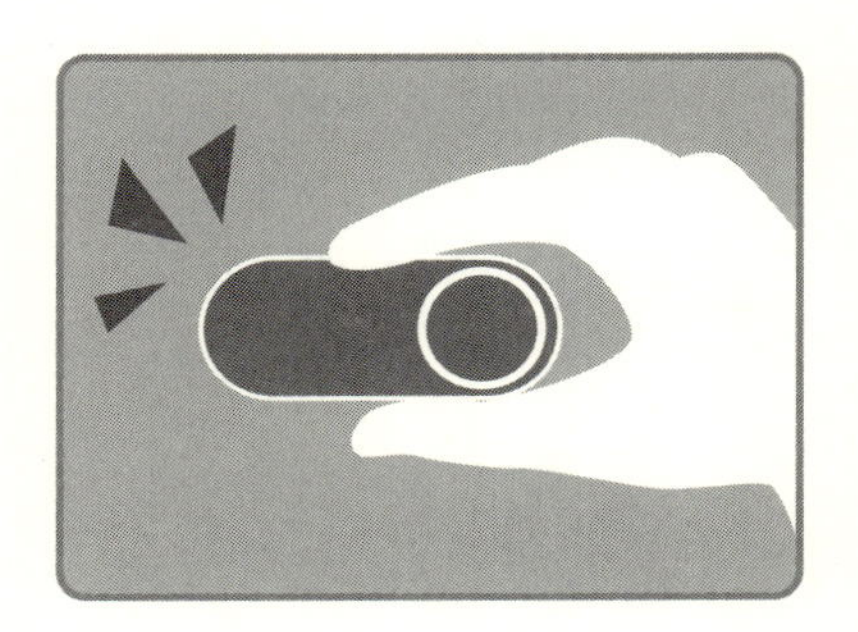

② 注文

商品がなくなる前にボタンを押せば注文

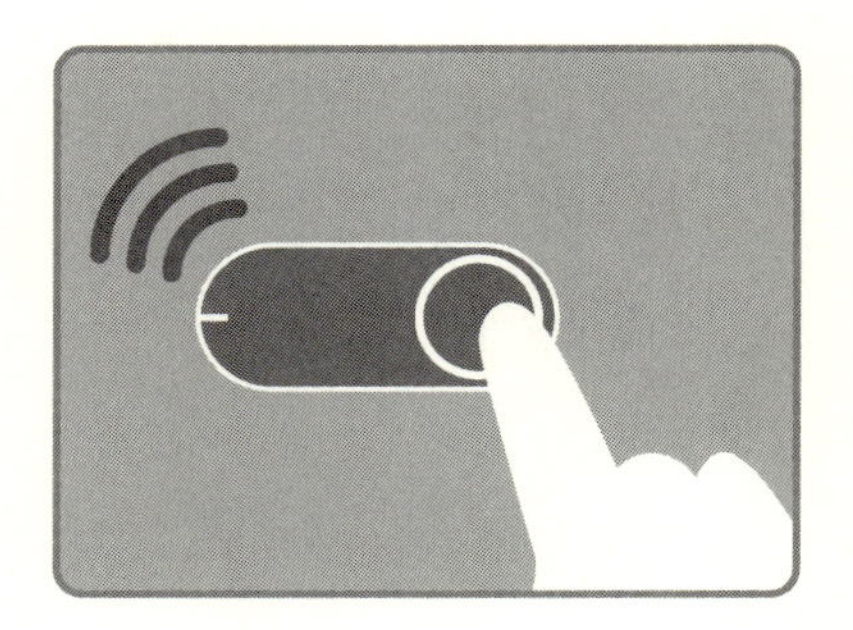

③ 商品受取り

プライムで商品をスピード受取り

リピート商材が多い。いちいちアマゾンへアクセスし、商品を選んで購入するのは面倒、という顧客の不満を解消する手段として生まれた。

Wi-Fi環境にあればどこでも使える。例えば、トイレにはトイレットペーパーのダッシュボタン、洗濯機には洗剤のダッシュボタンを設置。スマートフォンのアマゾンアプリとペアリングすれば完了だ。

商品がなくなる前にボタンを押すと、スマートフォンのアプリに通知が届く。内容を確認しボタンをタップすれば、自動的に商品が注文され、届けられる。このサービスはワンクリック決済があればこそ可能になったもの。決済情報や配送先住所を入力する必要はない。２０１７年末時点のダッシュボタンの種類は米国で３００種類を超えている。それだけ用途が広いということ。米国のプライム会員は４・９９ドル（日本は５００円）でダッシュボタンを購入する必要があるが、初回の利用で同額がキャッシュバックされる。つまり無料ということになる。

ダッシュボタンにブランドを載せる商品サプライヤーのメリットも大きい。ダッシュボタン１台につき15ドルと、販売金額の15％をアマゾンに支払う必要があるが、リピート促進とブランド認知向上に役立つ。その費用として考えれば安い。

リアル店舗の常識を破壊するアマゾンゴー

アマゾンはショッピングのバリューチェーン変革を強力に推進している。消費者が店舗へアクセスし、商品を選択、いろいろな商品と比較して、購入意思を固めた後に、購入（チェックアウト）する。このバリューチェーンにおける手間やストレスという摩擦（フリクション）要因を徹底的に排除。顧客体験価値を高めている。伝統的な金融機関やフィンテックベンチャーは、この観点が希薄で、いかに儲けるかという単眼思考が強い。

アマゾンゴーはその顧客体験価値を高めた好例である（次ページ図参照）。２０１６年にＩｏＴ技術を駆使した店舗コンセプトを発表。シアトルでテストし、２０１８年１月にようやく店舗をオープンした。構想は発表の4年前からスタート。特許も申請済みである。

利用者は入店時にスマートフォンのアプリを起動し、ＱＲコードをかざしてゲートを通る。ゲートは電車の自動改札のようなもので、通過する際にはカメラが作動し、ＱＲコードと顔認証で個人を特定する。

店内では商品を手に取って確かめ、欲しいものをバッグに入れ、そのままゲートを出るだけでいい。チェックアウト不要で、レジにならぶ必要もない。

アマゾンゴーの利用法

アプリのQRコードをスマートフォンに表示し、ゲートにかざして入店

手に取った商品、棚に返した商品をセンサーが感知し、バーチャルカートに格納

ゲートから出ると購入額が自動的にアマゾン口座に課金され、電子レシートが送付される。何を購入したかは商品写真とともに利用明細で確認できる

ゲートから入り、商品を選んでピックアップ、ゲートから出ればショッピングが完了する、という未知なるショッピング体験を、アマゾンは実現した。

このサービスではアマゾンのクラウドサービスＡＷＳが活躍している。利用者が店内をどう移動したかという動線、どの棚で立ち止まり、どの商品を手に取ったか。それをショッピングバッグに入れたのか、棚に戻したのか。その商品とともに購入した商品は何か。利用者の店内行動をセンサーですべて捕捉し、クラウドにアップしている。

クラウドではＡＩや機械学習を活用し「誰が」「何を」「いつ」「いくらで」買ったかという購買情報に瞬時に加工、アマゾン口座に課金し、電子レシートを送付する。まさにＩｏＴ決済の極みだ。

インターネットに接続された機器が相互にコミュニケーションをとりながら、フリクションレス（摩擦の少ない）のショッピングを提供する。伝統的な小売や金融機関からは、このような発想はまず出てこない。顧客視点に立ち、顧客の不便を最新技術で解決していく。徹底した顧客執着がアマゾン流なのである。

音声アシスタントでフリクションレス決済

音声アシスタントが司令塔

２０１４年、アマゾンはスマートスピーカーを発売した。アマゾンエコーである（次ページ図参照）。音声アシスタントのアレクサを搭載した家庭用のスマートスピーカーだ。「アレクサ、今日の天気は？」と声をかけると、位置情報を認識し、エコーが設置されているエリアの天気を教えてくれる。「いつもの牛乳とパンを買って」といえば、アレクサがその商品名や数量をクラウドから瞬時に認識し、注文してくれる。決済は「いつものカードで」というだけでいい。

アマゾンがスマートスピーカーに注目したのは、顧客への執着心からである。ショッピングでの摩擦（フリクション）をいかに軽減するか。それを追求し続けた結果だ。

アマゾンエコーシリーズ

1.Echo Dot
2.Echo
3.Echo Show
4.Echo Spot
5.Echo Look

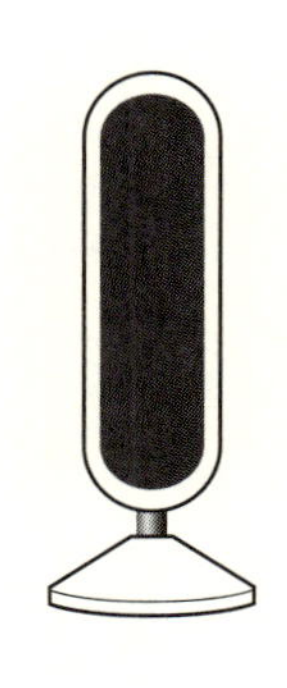

文字入力に比べ、音声は便利で簡単。音声は文字入力が不要で、検索ボタンをタップしたり、検索結果をスクロールして情報を選択したりということも不要。入力が苦手なシニアでも使える。ハンズフリーで音声アシスタントに指示すれば、音声やテキストで応答してくれるから楽だ。音楽や画像、動画も簡単に取得してくれる。

音声アシスタントといえば、アップルのシリ（Siri）やグーグルのアシスタント（Assistant）、マイクロソフトのコルタナ（Cortana）が先行していた。そこへアマゾンはスマートスピーカーで参入し、いつのまにか市場シェア70％を超えるまでになった。

競合企業にとって、音声アシスタントは自社製品拡販のための付加サービスだが、アマゾンにとって、音声アシスタントは顧客への執着心から生まれた顧客体験価値の向上である。この違いがスマートスピーカーのシェアに現れている。

アマゾンはこのスピーカーを、一家に1台から一部屋に1台へ普及させようとしている。そのため、アマゾンエコーの低価格バージョンであるエコードット（Echo Dot）や、スクリーンつきのエコーショー（Echo Show）、カメラとライトつきで自撮りができるエコールック（Echo Look）など、品揃えを拡げている。

AIでファッションコーディネート

エコールックのメインターゲットはインスタグラムなどの写真ソーシャルネットワーク利用者。これまでスマートフォンで自撮りしていたが、全身撮影や角度をつけたアングルからの撮影、360度撮影などはむずかしかった。

エコールックには、カメラとフラッシュがついている。遠隔から音声で指示すれば、アレクサがパシャパシャと撮影してくれる。動画も可能だ。

デートにいつも同じ服装では嫌われる。デートの日の服装を撮影しておけば、いつ、何を着たかがすぐわかる。春の爽やかさを感じさせるスカートとブラウスの組みあわせはどれがいいか。2通りの写真を撮影すると、どちらのコーディネートが似合っているかというアドバイスをしてくれる。

アマゾンはエコールックで何をしようとしているのだろう。インスタ映えする写真が撮れる機器の販売が主目的ではない。考えれば怖くなる。個人のワードローブにあるファッションアイテムをすべてクラウドに吸い上げようという算段だ。画像や動画によるファッションデータベースを構築し、新規ファッションアイテムの販売を目論んでいる。しかも極めてパーソナルなアドバイスを加えて。

アレクサのオープン化で、すべてのデータをクラウドに吸い上げる

もっと恐ろしいのは、アレクサをスマートスピーカーから開放し、一般企業が使えるようにしたことである。アレクサの学習スピードを速め、アレクサの応答データをすべてクラウド上に吸い上げることが目的だ（次ページ図参照）。自動車メーカーでは、トヨタ自動車や日産自動車、フォードなどが採用。世界中の家電メーカーやおもちゃメーカーは、こぞってアレクサを採用している。

アレクサのオープン化

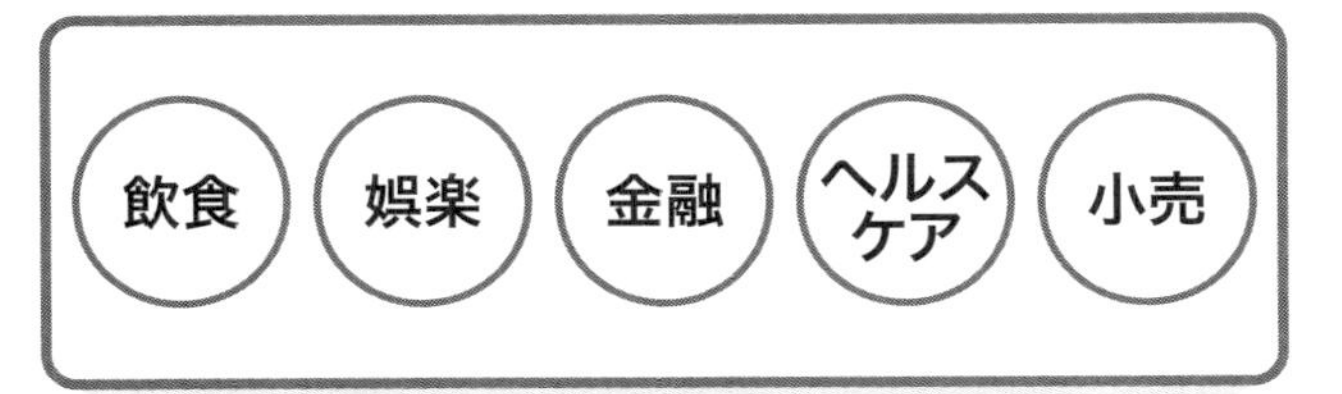

Alexa Skills

Alexa Voice Service

Alexa 搭載機器

アマゾンの思う壺だ。アレクサが仮想代理人として、あらゆるＩｏＴ機器から情報を吸い上げてくれる。音声情報だけではない、画像や動画データも取り込んでしまう。まるでブラックホールのように。クラウド上に集めたデータは宝の山。商品開発やマーケティング、リスクマネジメントなどに活用できる。蓄積したデータが多いほど、機械学習効果は高まる。

これに気づいたアップルやソニーなどはスマートスピーカーへ参戦した。グーグルは価格競争力のあるグーグルホームをリリースし、グーグルアシスタントも一般に開放した。アマゾンは、アレクサを導入する企業に開発キットを提供。これを使えば、簡単に自社サービスをアレクサと連携できるようにした。完成したものをアレクサスキル（Alexa Skills）という。

このスキル数が急伸している。２０１５年９月にはわずか14件だったスキルが、２０１６年６月には１０００件を突破。２０１７年１月には７０００件、そして12月には２・５万件を超えた。雑駁にいうと、アマゾン経済圏の音声パートナーがアレクサによって２年で２万件強増えたことになる。

日本にも２０１７年11月にアマゾンエコーが上陸した。その際、日本仕様で用意されたスキル数は２６５件にのぼった。それだけ多くの企業がアマゾンの音声アシスタントに魅力を感じたということであろう。音声アシスタントに話しかけてショッピング、音声アシスタントに頼んで決済という時代の到来だ。

音声決済利用が進む米国

米国では音声アシスタントによる決済（Voice Payments）が、すでにヒートアップしている。

２０１７年４月時点で、音声決済を利用している米国成人は８％。今後5年間で31％まで増えるとＢＩＩは予測した。人数にすると１８００万人から７８００万人に浸透。２０２２年までに米国成人の３人に１人が音声決済を使うようになる。

音声決済とは、音声指示による商品購入や個人間送金、請求支払いのこと。音声決済の成長要因は３つ。音声応答機器の増加、ＡＩの進化による会話の精度向上、そしてパーソナル化の進展である。

音声応答機器はスマートフォンだけではなく、音声応答スピーカーや家電、自動車などに拡大している。ＢＩＩによると、音声応答スピーカーや家電などスマートホーム機器の利用件数は2017年の3900万件から、2022年には7300万件に増加する。

AIの進化とは、自然言語処理と深層学習の2つの進化をいう。音声決済をリードしているのは、アップルやアマゾン、グーグル、マイクロソフトなど。決済だけでなく、音声応答全般で主導権を争っている。それは音声応答を支えているAI開発競争でもある。

音声決済信頼度でシリを追いかける

米国成人はどの音声アシスタントを信頼しているのだろうか。BIIによると、トップはアップルのシリで、音声アシスタントを利用している米国成人の29%と信頼度が高い（次ページ図参照）。音声決済に求められるのはセキュリティ。シリはiOS上で動作するため、セキュリティが高いとみられている。

2位はアマゾンのアレクサで17%。アレクサがリリースされたのは2014年11月と、まだ4年弱しか経っていない。にもかかわらず、信頼度でシリについで2位となっているのは快挙であろう。

3位はグーグルのアシスタントで12%、4位はグッと落ちて、マイクロソフトのコルタナで2%だった。このままでは音声応答で勝てない、と考えたマイクロソフトは、競合相

音声決済機能の信頼度

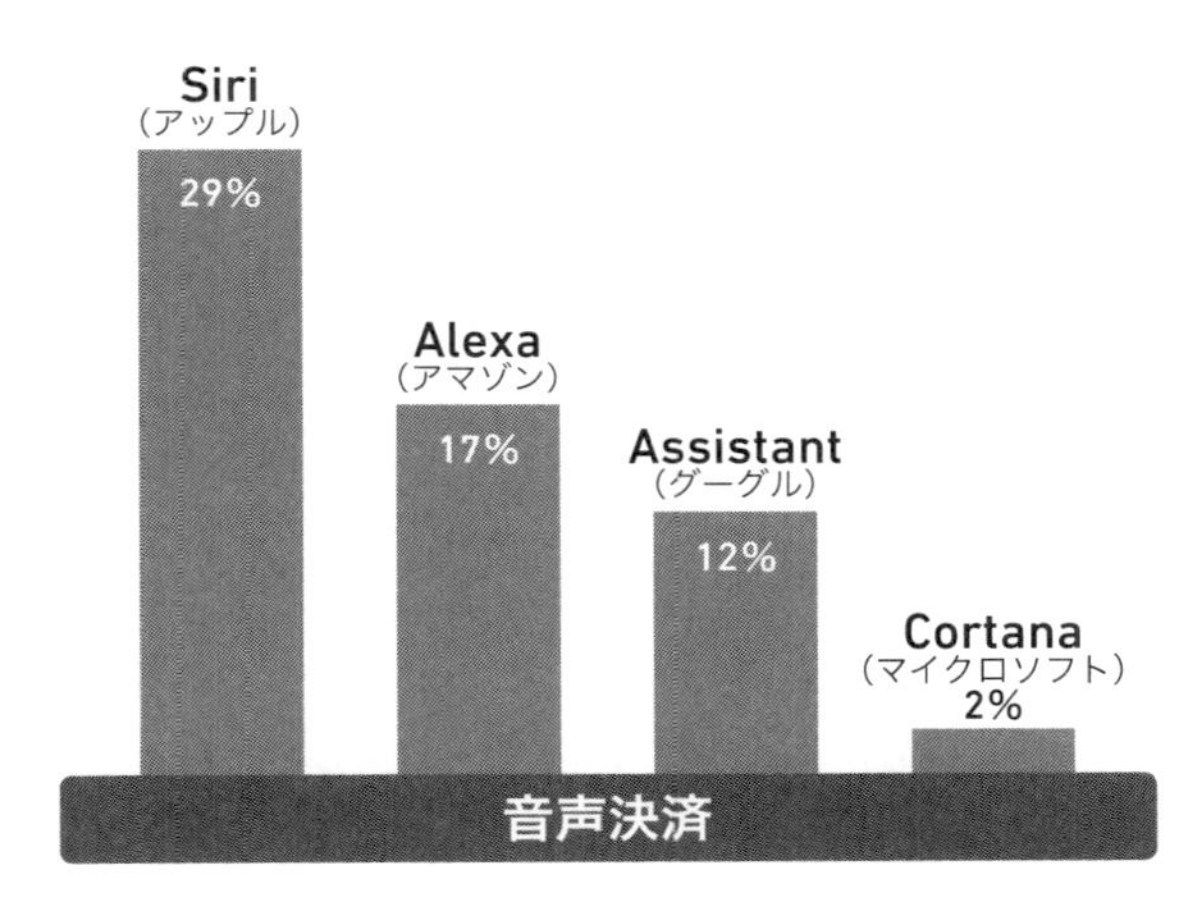

Source: BI Intelligence

手のアマゾンと２０１７年８月30日に提携した。

アレクサからコルタナを呼び出したり、逆にコルタナからアレクサを呼び出したりできる。日常会話に強いアレクサと、スケジュール管理などビジネス利用に強いコルタナが相互補完することによって、音声応答ＡＩで圧倒的優位に立とうとしている。アマゾンは経済圏拡大のためなら、競合相手であっても手を握るしたたかさをもっている。

音声アシスタントを使う理由

米国の消費者はなぜ音声アシスタントを使うのか。ＢＩＩの調査では、「時間の節約」

がトップで54％だった。「簡単だから」という人は50％、「試してみるのが好きだから」は44％、「手がふさがっているから」が40％、「楽しいから」が28％と続く。文字入力に比べ、音声決済は便利で簡単。すでに米国成人の8％に広がっているのもうなずける。

音声アシスタントの利便性に着目した金融機関は、バンクオブアメリカ、キャピタルワン、アメックス、ペイパル、ベンモなどの先進的なプレイヤーだ。

しかし、これらの金融機関には独自に音声決済を開発するパワーはない。シリやアレクサなどを活用している。というのは、音声応答には自然言語処理や深層学習などのＡＩが必須だが、個社対応ではＡＩを進化させにくいからである。

バーチャルロボットは簡単に作成できる

アマゾンにはチャットボットや音声アシスタントを簡単に構築できるサービスがある。それがアマゾンレックス（Amazon Lex）だ。これを使えば簡単に自社サービスにカスタマイズしたバーチャルロボットを作成できる。

なぜアマゾンレックスがあれば簡単に構築できるのか。それは、どんな質問に対して、何を回答するかという入力と出力を制御するコンソールがついているからである。これにいくつかのフレーズをのせれば、アマゾンレックスが対話型の自然言語モデルを自動的に構築してくれる。

アマゾンレックスにはアレクサと同じ高度な深層学習ＡＩが使われている。それと同じテクノロジーに誰でもアクセスできるというのだから、使わない手はない。しかも低コスト。利用しただけの従量制料金ですむ。テキストリクエスト1件あたりの料金は10万分の75ドル。１０００件使ってもわずか75セントである。

アマゾンレックスで構築したチャットボットは、アレクサのスキルキットに抽出できるのも便利だ。スキル（skill）には技量とか腕前という意味があるが、アマゾンスキルはアレクサ用に開発されたサードパーティのサービスのことをいう。音声応答のバーチャルアシスタント競争はヒートアップしているが、アマゾンレックスによってアマゾンの優位性は揺るぎないものとなりつつある。

アマゾン経済圏に組み込まれてしまう仕掛け

米銀大手のキャピタルワンは２０１７年5月、アマゾンのアレクサを活用して音声アシスタントサービスを開始した。アマゾンが販売しているアレクサ搭載機器アマゾンエコーやエコードット、エコーショー、さらにはアレクサを搭載したスマートホーム機器、コネクテッドカーから、音声でキャピタルワンのサービスへアクセスできるようになった。アレクサと会話できるコンテンツは、クレジットカード、普通預金口座、貯蓄口座、オートローン、住宅ローンと幅広い。

クレジットカードでは、アレクサに残高照会や約定日の確認、クレジットカード返済の指示ができる。「先月スターバックスでいくら使った?」という質問にも答えてくれる。普通預金や貯蓄口座に関しては、残高と直近の入出金情報が確認できる。オートローンや住宅ローンでは、約定日と約定金額の確認、ローン残高、ローン返済指示ができる。

キャピタルワンのサービスを利用するには、アレクサのスマートフォンアプリを開き、キャピタルワンのスキルを選択。キャピタルワンの口座利用者は、氏名とパスワードを入力し、パーソナルキーを生成すれば完了だ。

会話はアレクサ搭載機器に向かって「アスク・キャピタルワン(Ask Capital One)」という声がけからスタートする。その後、音声で指示すれば、タスクをこなしてくれる。カードの残高を知りたければ「クレジットカードの残高はいくら?」と聞けばいい。カードの返済がしたければ、返済額と返済日を指示するだけでいい。パソコンを立ち上げ、キャピタルワンのウェブページにアクセスする必要はない。

アマゾンのワンクリック決済は技術の進展によって、ＩｏＴ決済に進化している。それはダッシュボタンであり、アマゾンゴーのレジレス決済であり、そして音声決済である。

キーボードに入力する手間がいらない、という音声アシスタントの採用メリットは大きい。だからスマートホーム機器や自動車メーカー、銀行などのサービス業もアレクサ導入に積極的なのである。

一般企業に開放されたアレクサというバーチャルロボットは、企業が抱える顧客をもアマゾン経済圏に取り込んでしまう。

5

アマゾンの地上戦略

巨費を投じたホールフーズ買収の狙い

アマゾンは２０１７年6月16日、有機野菜をベースにした自然食品スーパーのホールフーズを１３７億ドル（約１・５兆円）で買収すると発表。8月28日に買収を完了した。１・５兆円という巨費を投じた買収でアマゾンは何をしようとしているのだろう。いうまでもなく、オンラインからリアル世界へ参戦し、アマゾン経済圏を拡大しようとしているのである。

米国商務省によると、米国の２０１７年Eコマース市場規模は４５３５億ドル（約50兆円）。全小売市場の13％しかない。残りの87％はリアル店舗の売上だ。

米国のEコマース市場におけるアマゾンのシェアは約24％。このシェアを伸ばすと同時に、リアル世界でのシェアアップをめざす。アマゾン経済圏の拡大にはリアル世界のパートナーが不可欠だった。

ホールフーズは１９７８年創業で、本社はテキサス州オースチン。米国初の有機食品スーパーとして認定を受けている。２０１６年の売上高は１６０億ドル。米国、カナダ、英国に４６０店舗を保有。従業員は８・７万人だ。単純にこの売上高をアマゾンに加えると、約12％の増収になる。だが、アマゾンはそんな低レベルの足し算を考えているわけではない。オンラインとリアル世界を融合した新たな小売業態を開発しようとしている。

8月24日のプレスリリースによると、商品政策やロジスティクスを改善し、両社共同で高品質な自然食品や有機野菜を顧客に届けるとコメントしている。アマゾンのホールフーズ買収の狙いは、日々の生活に欠かせない「食」の販売モデル変革にあったのだ。

鮮度が要求される食材仕入れに、地域コミュニティとの連携は重要。ローカルな商品やサプライヤーを支援し、拡販する努力も惜しまない。アマゾン経済圏にはこうしたローカルなパートナーも大きな役割を果たす。オンラインマーケットに参画するマーチャントやサプライヤーと同様の位置づけだ。

生鮮食品の横には、アマゾンコーナーを設置。垂れ幕には、季節のおすすめとして、音声アシスタントを搭載したスマートスピーカーを販売している。食品や食材はリピート性の高い商品。音声スピーカーで簡単に注文できるようにするための施策である。

アマゾンのオンラインマーケットでは、ホールフーズの商品を販売。自宅へ届けるサービスを開始した。このサービスはプライム会員向けのアマゾンフレッシュやアマゾンパントリー、プライムナウでも提供する。

プライム会員獲得と育成のためのホールフーズ

アマゾンフレッシュは生鮮食品やグルメ、日用品をスピード宅配するサービス。アマゾンパントリーは日用品や食品を段ボール1箱にまとめて配送するサービス。プライムナウは購入商品を1時間以内に届けるサービス。これらはプライム会員向けサービスで、プライム会員費用とは別に利用料がかかる。

アマゾンプライムは有料会員制プログラムで、さまざまなサービス特典が受けられる。注文商品のスピード配送や日時指定配送が無料。アマゾンが提供するビデオや音楽、デジタル書籍の視聴閲覧が無料。そのほか、割引特典や先行タイムセール、プライム会員専用サービスなど多様なメニューを揃えている。米国のプライム会員料金は年間プランが

１１９ドル、月間プランが12・９９ドル。日本は年間プランが３９００円。月間プランが４００円である。

アマゾンにとってプライム会員はアマゾン北米売上の57％を占め、アマゾン経済圏の成長に欠かせない最重要顧客である。ホールフーズの買収は、プライム会員特典を増やし、購買単価をアップする絶好のチャンス。ホールフーズＰＯＳシステムにアマゾンプライムを統合し、プライム会員はホールフーズの特別割引と店頭特典を受けられるようにする。逆にプライム会員になっていないホールフーズ顧客はプライム会員に誘導し、オンラインでの特典を付与する。

ホールフーズ顧客には、アマゾンのプライム会員になっていない顧客が５００万人いる。その半数がプライム会員になる可能性が高い。現在、米国世帯の約半数がプライム会員。プライム会員は非会員に比べ約2倍の購買力がある。

ホールフーズの食品や食材は日々の生活に欠かせないものだ。アマゾンは音声アシスタントで食に関するデータを吸い上げ、パーソナルな提案に加工してプライム会員を育成しようとしている。

百貨店コールズとの提携の意味

２０１７年９月６日、アマゾンは米国百貨店のコールズとの提携を発表した。総店舗数は１１６２店舗。ホールフーズにつぐ、リアル世界への攻略である。コールズの店舗にアマゾンショップを開設。音声アシスタントのアレクサを搭載した機器やタブレット、スマートホーム機器などを販売する（次ページ図参照）。

アマゾンショップにはアマゾンの従業員を配置。スマートホーム機器などを購入者宅へ届け、設置やアドバイスを実施する。これは「住」関連サービスの強化が目的だ。

9月19日には、アマゾンで購入した商品の返品をコールズの店頭で受け付けると発表。コールズの店舗をアマゾン顧客の返品受付に使う。ロサンゼルスやシカゴなど82店舗でスタートした。アマゾン顧客にとってコールズの立地は便利だ。オンラインで購入した商品の返品時には、車に積んで乗りつければいい。

アマゾンはプライム会員、特に女性向けにプライムワードローブ（Prime Wardrobe）というサービスを提供している。衣料や靴、アクセサリーを3点以上注文し、自宅で試着。気に入った商品だけを購入し、あとは返品できるというものだ。このサービスの拡大にリ

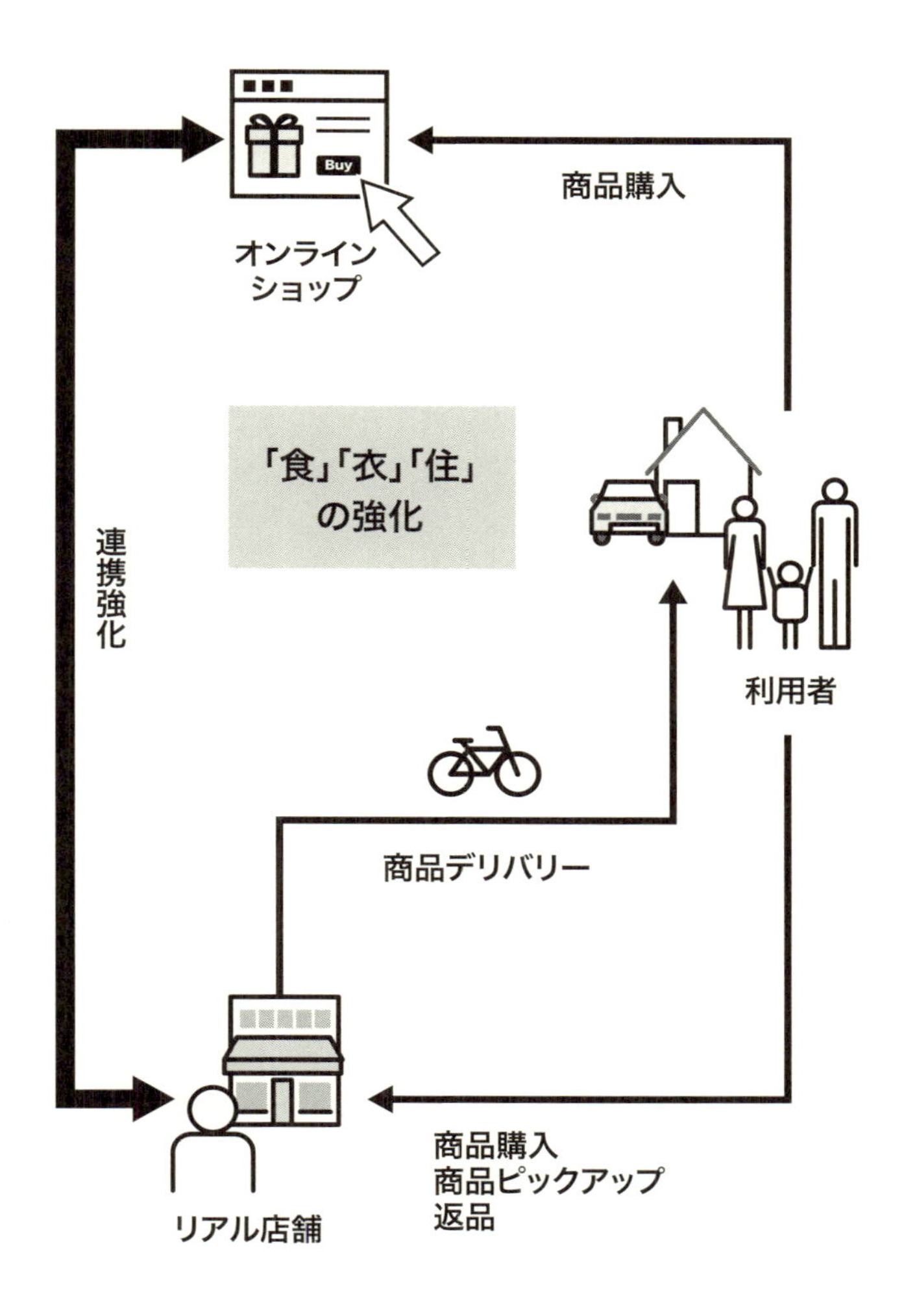
アマゾンのリアル世界への攻略
Buy
オンライン
ショップ
商品購入
「食」「衣」「住」
の強化
連携強化
利用者
商品デリバリー
リアル店舗
商品購入
商品ピックアップ
返品

アル店舗が役立つ。これは「衣」関連ビジネスの強化が狙いである。

過去数年間で来店者数が減少し、売上が激減、株価も低迷していたコールズは、アマゾンとの協業で新たな小売業態に変わろうとしている。それはアマゾンのショールームであり、販売スペースであり、商品のデリバリー機能を有し、返品受付窓口をもったストアである。

コールズの店舗はプライム会員になっていない人たちをプライム会員にするのにも好都合だ。コールズ顧客の80%が女性で、平均年収は約7万ドル。世帯年収10万ドル以上の世帯の3分の1を占めている。つまり、コールズ顧客はアマゾンのワードローブがターゲットにしている顧客層にぴったりあてはまる。

コールズのクレジットカード稼働枚数は2500万枚。コールズ売上の60%を決済している。協業により、このカードをアマゾン決済の1つに加えられるようになる。アマゾンのワンクリック決済が使われれば、顧客がいつコールズに来店し、何を買ったか、いつ、何を返品したか、というデータが入手できる。コールズというチャネルを使い、決済データを活用したパーソナルな提案でプライム会員を増やす、というのがアマゾンの目論見なのである。

リアル店舗にロジスティクス機能を組み込む

２０１７年後半から、アマゾンはリアル店舗の買収と提携をグローバルに加速している。その理由はオンラインとリアル世界をテクノロジーで融合し、アマゾン経済圏を確固たるものにするためである。

スマートフォンが消費者のライフスタイルを変え、マーチャントの販売スタイルを変えた。これからはＩｏＴと音声アシスタントが消費行動を一変させる。その際に必要不可欠なものは、商品やサービスを顧客に届けるロジスティクスである。ロジスティクスはデリバリーという単機能ではない。商品選択から注文受付、在庫管理、商品ピッキング、デリバリー、そして返品受付までのトータルなシステムをいう。

巨大な物流センターから全国、全世界に届けるという時代は終わった。物流センターと地域拠点とを組みあわせたハブ＆スポーク型のロジスティクスネットワークが、これからの時代には求められる。鮮度を要求される食品や食材の販売は特にそうだ。

オンラインが出自のアマゾンにとって、地域に根ざした百貨店やグローサリーチェーンは、ハブ＆スポークに相当するロジスティクス拠点として映っていたことだろう。

ＩｏＴの時代に突入し、すべてのものがネットにつながれば、リアル店舗での顧客行動をセンサーで捕捉できる。決済データを結びつけ、機械学習にかければ、なぜその商品を買ったのか、何と比較して購入したのか、という推測が立つ。それを商品開発や動線計画、商品レイアウトにいかせば、ロジスティクス機能をもつ新たな小売業態を構築できると考えたに違いない。

地上戦略の決済を担う新兵器

これまで、アマゾンのリアル世界の決済手段は、チェイスとの提携ビザ（Visa）カードだった。しかし、リアル店舗のパートナーが増えれば、ビザに頼る必要はない。モバイルが普及した現在、プラスチックカードの役割は終わろうとしている。モバイル決済のほうが各種情報と連携でき、顧客利便性は高い。

２０１7年7月、アマゾンはリアル店舗で使えるモバイル決済をスタートした。名づけてアマゾンペイプレーシズ（Amazon Pay Places）。つまりアマゾンペイのリアル対応版だ。アマゾンペイはオンラインマーチャントが独自ウェブサイトの決済に組み込むもの。アマゾンペイプレーシズは、利用者がアマゾンのアカウント情報をそのままリアル店舗で使えるモバイル決済で、対面決済と事前オーダーの両方の機能を有している。

まずはテスト的に、レストランチェーンのＴＧＩフライデーズと提携。ボストンやフィラデルフィアなどの限定的なレストランでの利用がはじまった。

２０１８年5月、アマゾンはマーチャントが独自決済サービスのアマゾンペイを採用すれば、カード手数料を割り引くと発表した。これまでアマゾンペイのマーチャント手数料は2・9％プラス30セントだった。それをディスカウントする。

狙いは大手に加え、中小マーチャントをアマゾン経済圏へ取り込むこと。オンラインだけでなく、リアル店舗も対象だ。いよいよ本格的に動き出した。アマゾンペイの利用者は、現在世界で約３０００万人。マーチャントの拡大で利用者をさらに増やそうという計画だ。

そうなれば、マーチャント手数料を割り引いても、アマゾンの利益は増える。カード会社へ払っている手数料がいらなくなるのだから。

アマゾンペイのマーチャントが広がれば、オンラインというバーチャル世界だけでなく、消費者のリアル世界での行動を決済データとともに収集できる。それをＡＩでパーソナルな商品やサービス提案に加工し、客単価と購買頻度アップにつなげる。オンラインと地上のリアル店舗を融合した革新的な決済とロジスティクスで、アマゾン経済圏は拡大する。

アマゾンの野望

決済によって拡大するアマゾン経済圏

アマゾン経済圏の膨張で、小売業界のみならず、あらゆる産業がアマゾンエフェクトの脅威に晒されている。メーカーも、物流も、金融も、まるでブラックホールのようにすべてがアマゾン経済圏に吸い込まれていく。そのエネルギーでまた、アマゾンは膨張する。

アマゾン経済圏とは、アマゾンの決済プラットフォームを通じて創出される経済活動領域である。次ページの図はアマゾン経済圏を水平に切った時の概念図だ。

決済プラットフォームの核になるのは、アマゾンが発明し特許を取得したワンクリック決済。購入ボタンを1回クリックするだけで商品を注文し、決済できる機能である。購入のたびに決済情報や配送先情報を入力する必要はない。

アマゾン経済圏の活動領域

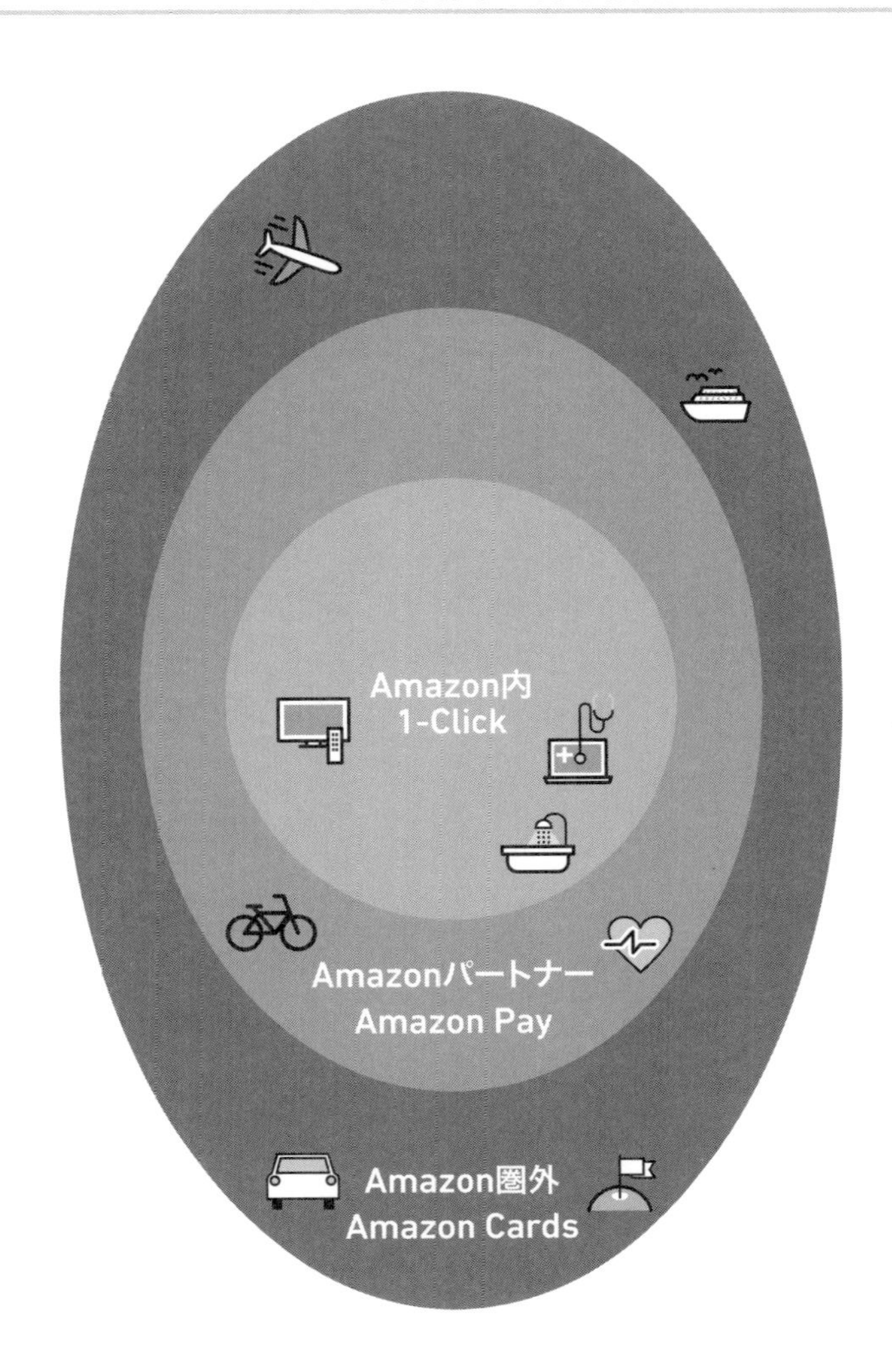

アマゾンの快進撃はワンクリック決済からはじまった。1995年のサービス開始から20年強でデンマークやトルコの国家予算を超え、オーストリアの国家予算に迫る規模にまで成長した。

その間、経済圏を拡大するためにワンクリックを一般に開放。自社でオンラインショップを運営するマーチャントでも、アマゾンのワンクリック決済と同様のサービスを導入できるようにした。それがアマゾンペイである。パートナー企業との絆をアマゾンペイが拡げていく。

さらに、アマゾンの息がかかっていないマーチャントでの利用拡大のためにアマゾンカードを導入。2009年、米国ではチェイスと提携し、ビザブランドがついたクレジットカードを発行。世界中のビザ加盟店で使えるようにした。

アマゾン内はワンクリック決済、パートナー企業にはアマゾンペイ、そしてアマゾン圏外はアマゾンの提携カード。アマゾン経済圏はこれらの決済によって拡大し続けているといっても過言ではない。その提携カード領域を、手数料を値下げして独自のアマゾンペイに置き換えようという動きも出てきた。経済活動領域の拡大には、より価値の高いデータを収集できる独自決済プラットフォームの普及が不可欠だからである。

売り手と買い手の膨大なデータが集積するアマゾン経済圏

アマゾン経済圏を垂直に切ったらどうなるか。それを示したのが次ページの図である。注目すべきは、利用者のショッピング体験を変革し続けていること。購入者（買い手）がマーチャント（売り手）にアクセスし、商品を選択、他の商品やマーチャントと比較して、何を買うかを決定した後に、チェックアウト（購入）する。このバリューチェーンにおける、手間やストレスという摩擦（フリクション）要因を顧客視点に立って徹底的に排除するというDNAが、アマゾンの決済への執着心を粘性の強いものにしている。ワンクリックやアマゾンペイを、インターネットとつながったデバイスやソフトによる決済、IoT決済へと昇華させているのである。

例えばアマゾンのダッシュボタン決済。洗剤やトイレットペーパーなどの日用品はほぼリピート商品である。同じ商品を買うのに、アクセス、選択、比較、意思決定というプロセスは不要。その手間をなくすために、専用ボタンを開発。これを押すだけで特定の商品を買えるようにした。

バリューチェーンにおける最大の摩擦は、パソコンやモバイル機器にテキストを入力す

アマゾン経済圏におけるデータ集積

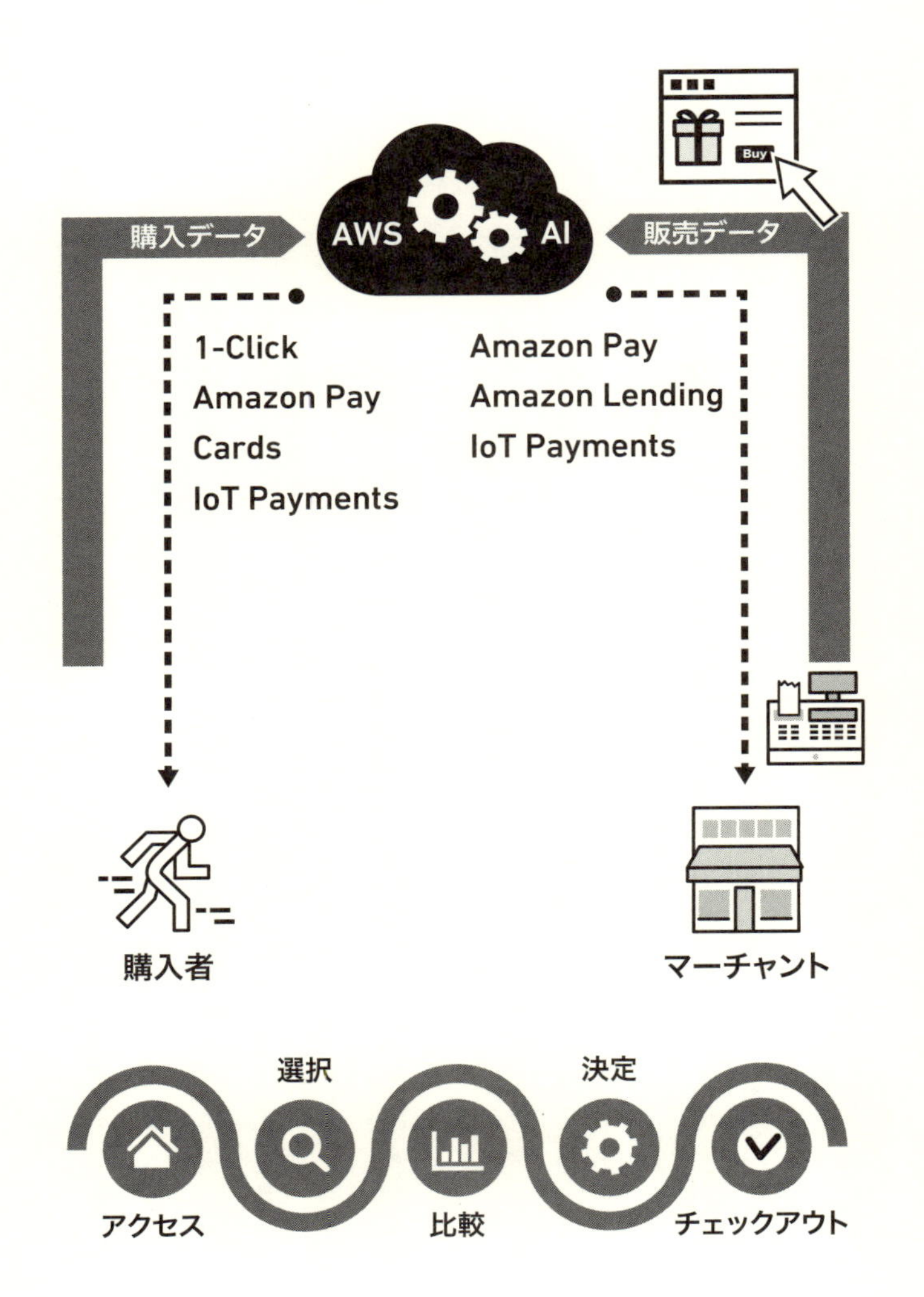

ること。このフリクションをなくすことはできないか。アマゾンが考えたフリクションレス策は、音声アシスタント「アレクサ」だった。

これからは音声アシスタントの時代。音声で注文し、音声アシスタントに決済を委ねる時代に突入する。そう睨んだアマゾンはアレクサを搭載したスマートスピーカーのエコーを開発。家庭に１台、いや一部屋に１台をめざしている。

さらにその先へ拡大するため、アレクサを自社製品に閉じ込めず、一般に開放。スピーカーだけでなく、冷蔵庫や洗濯機、スマートホーム機器メーカーなどが自由にアレクサを使えるようにしたのである。他社製品や他社ＯＳに搭載されたアレクサがアマゾン経済圏を拡大していく。

アマゾンの決済プラットフォームはクラウドサービスＡＷＳをベースにしているため、買い手とマーチャントの両方から膨大なデータを取得できる。

「誰が」「どのマーチャントで」「何を」「いつ」「いくらで」買ったのか、という顧客の購入データ。「どのマーチャントが」「誰に」「何を」「いつ」「いくらで」売ったのか、という販売データ。さらにアレクサが音声対話からパーソナルな情報を吸い上げてくれる。

これらのデータの活用から、アマゾンは商品ラインアップとサービスを拡充し、巨大な経済圏を膨らませていく。例えば、マーチャント向け融資（Amazon Lending）はデータの活用から生まれたものである。融資を受けたマーチャントは仕入れを増やし、マーケティングを強化して売上を増やせる。それはつまりアマゾン経済圏のパワーに直結する。

もう1つ注目すべき戦略は地上戦略である。ホールフーズの買収やコールズ百貨店との提携はその一環。オンラインとリアル世界を融合したサービスを実現しようとしている。オンラインで販売した商品をリアル店舗からスピード配送。あるいはリアル店舗での受け取りや返品対応。これらは初歩的な融合だが、もっと高度な融合を考えている。その1つがアマゾンゴーと呼ばれるＩｏＴショップであったりする。

アマゾンがしたたかなのは、人間の生活に欠かせない「食・衣・住」をリアル店舗との融合で強化しようとしていることである。ホールフーズは「食・フレッシュ」、コールズは「衣・ワードローブ」と「住・スマートホーム」の強化チャネルなのである。

アマゾンの野望。それは、アマゾン経済圏だけですべての生活が営めるようにすることである。そうなれば、アマゾン独自のバーチャル通貨発行という発想もうまれてくるに違いない。ドルや元、円よりも強いバーチャル通貨が、さらにアマゾンを巨大化するのだ。

第3章

20億人獲得を掲げたアリババ経済圏

1

アリババ軍団の底知れぬパワー

めざすは20億人の経済圏

アリババは経済圏の住民、つまり稼働顧客数を２０３６年までに20億人にする、という大胆な目標を打ち上げた。

２０１８年度（２０１７年４月１日から２０１８年３月31日まで）の中国におけるアリババの年間稼働顧客数は５億５２００万人で、前年より約１億人増えた。強烈な顧客誘引力である。

中国だけでなく全世界からその約４倍にあたる20億人の顧客を獲得する、とアリババは株主にコミットしたのである。国連の予測によると、２０３０年までに世界の人口は86億人に達する。アリババは世界人口の４人に１人を経済圏に抱え込もうという算段だ。そしてその20億人と長期関係を築く。

アリババグループの２０１８年度の売上高は３９９億ドル（約４・４兆円）。売上高成長率は前年比58％だった。その勢いを駆って、20億人経済圏を築く。

経済圏のパワーは、経済圏を構成する利用者数に購買単価、そして購入頻度を乗じた決済総額によって決まる。その利用者数を20億人に設定したのだが、顧客との長期関係を築ければ、単価と頻度が年を経るごとに上がる。

２０１７年３月を基準に、過去５年間継続してアリババを利用し続けた人は、直近の１年間に平均24商品カテゴリーから１２３件の注文数、購入金額は約１・２万元（20万円強）になる。

対して、アリババ利用１年という利用者の平均注文数は９商品カテゴリーから38件だった。平均購入金額は３０００元。５年間利用者の４分の１である。長期関係を築けば頻度がアップし、年間購入金額が上がることは実証済みだ。

現在アリババの平均的な稼働顧客は、年間17カテゴリーから85件の注文をしている。平均購入金額は８０００元（14万円弱）だ。仮に２０３６年に20億人が年間20万円を使えば、総流通額は４００兆円になる。ちなみにアリババは、２０２０年までの総流通額目標を

1兆ドルに設定している。これを5年間利用者の購入金額20万円で割り戻すと、5・5億人。2018年度の実稼働購入者だけで、単価と頻度を上げれば、十分達成できる目標だ。

アリババが描く経済圏

アリババグループの経済圏構想は、2017年度投資家説明会のプレゼン資料に5つのレイヤーで描かれている（次ページ図参照）。トップレイヤーには、中央にコアコマース、左にデジタルメディア&エンタテインメント、そして右にローカルサービス。

コアコマースには、アリババドットコム（Alibaba.com）やタオバオ（Taobao）、Tモールなど、アリババの主要ビジネスが名を連ねる。デジタルメディア&エンタテインメントには、ビデオストリーミングのユーク、音楽配信のアリババミュージック、イベントチケット販売のダマイなど。ローカルサービスは、地図検索サービスのアマップやレストランサービスのコウベイなどで構成している。

これを支えるのが4つのレイヤー。まず決済・金融サービスのアントフィナンシャル（Ant Financial）、次がロジスティクスのカイニアオ、その下にマーケティングとデータ管理のアリママ、そして一番下に位置づけられているのがクラウドコンピューティングのア

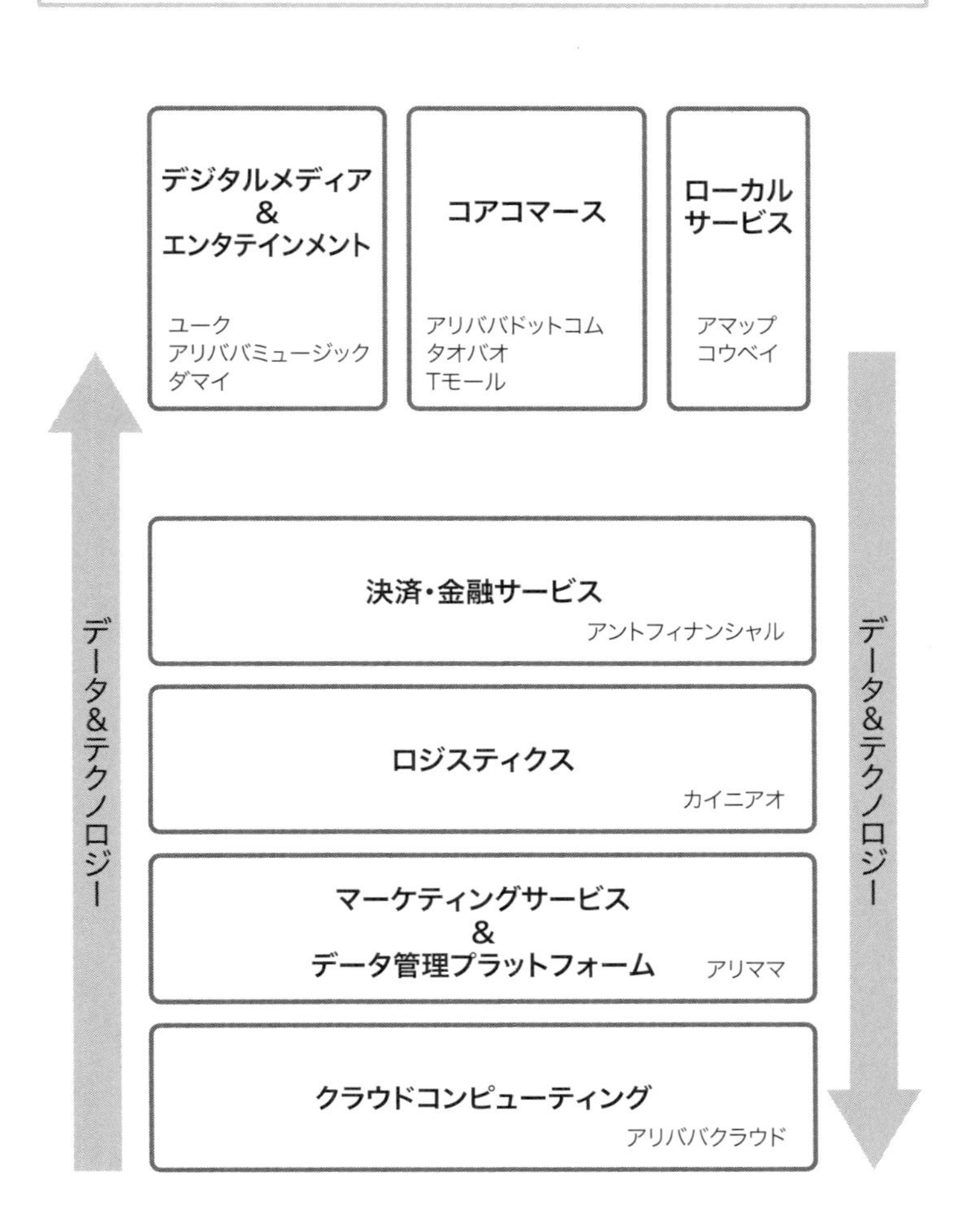

Source: Alibaba Investor Day 2017

リババクラウドである。

アリババグループの成長は何によってもたらせるのか。トップレイヤーとそれを支える4つのレイヤーが相互にデータとテクノロジーを利活用することだとしている。

2018年度の売上高構成比をみると、コアコマースが総売上の86%を占めている。ついでデジタルメディア&エンタテインメントが8%、クラウドコンピューティングが5%、その他が1%。圧倒的にコアコマースの貢献度が高い。

成長率では、コアコマースは前年度比60%の伸び、デジタルメディア&エンタテインメントは33%増、クラウドコンピューティングは101%アップ、その他は10%の伸びとなっている。

アリババが加速する地上戦略

アリババは経済圏の主軸であるコアコマースを拡大するため、オンラインからリアルへと版図を拡げようとしている。2017年1月、百貨店チェーンの銀泰商業（Intime Retail）グループを26億ドルで買収。オンラインとリアルを融合した生鮮食品スーパーのヘマ（Hema）にも出資した。

9月25日には、家具小売のイケアと同じような店舗を杭州でオープンした。ネーミングはホームタイムズ（Home Times）。オンラインで家具やキッチン用品、文具などを販売しているマーチャントの商品展示スペースだ。その数2万点超。

商品には電子タグとQRコードをつけている。電子タグはショップスタッフ用。オンライン価格に同期するようにした。QRコードは消費者用。商品の詳細情報をチェックしたり、モバイル注文したりできるようにした。モバイル注文の場合は、自宅に届けられる。

2017年中に3店舗をオープン、2018年には15店舗をオープンする計画だ。中国の家具市場規模は1300億ドル、14兆円を超える。

11月20日には、中国で大型スーパーを運営するサンアートリテールに3200億円を出資、株式の36％を取得した。生鮮食料品でオンラインとリアル店舗の融合を推進し、新しいスーパー業態をめざす。

2018年4月には、アリババの本社がある杭州市に、チンチェンリーという5階建ての複合ショッピングモールを開業した。アリババがめざすニューリテール戦略を具現化する旗艦店である。

なぜリアル店舗への投資を加速させているのか。3つの理由が考えられる。1つは経済圏をオンラインからリアルに拡大すること。もう1つは最新のテクノロジーを活用し、オンラインとリアルを融合した新業態店舗の開発。そして商品のデリバリー拠点を拡充することである。

中国小売市場におけるインターネット売上高シェアは15%。これではアリババ経済圏として小さすぎる。残り85%をたたき出すリアル市場のシェア獲得をめざすのは当然の帰結であろう。

米国ではショッピングモールがアマゾンに押され、次々に閉鎖している。顧客のニーズを満たすものがなくなったからだ。アマゾンはデータとテクノロジーを活用し、オンラインとリアルを融合した新しいコンセプトのショップを計画している。

アリババグループもこれまでのような店舗をつくるつもりはない。IoT時代にふさわしいショッピング空間の創出がテーマだ。杭州市のケンタッキーフライドチキンでは、笑顔認証でショッピングできるデジタル決済をスタート。IoTが進めばスマートフォンを使ったモバイル決済は不要となり、顔認証による手ぶら決済が可能となる。こういう先進的な決済や販売方法をスピーディに確立しようという意向だ。

ショップを商品デリバリーの拠点にする。あるいはオンラインで注文した商品をピックアップする拠点とする。これが可能になれば、鮮度の高い商品を顧客に届けられる。例えばフードデリバリー。２０１６年にはアントフィナンシャルと共同で、フードデリバリーのスタートアップ、エル・ミー（Ele.me）に12・5億ドルを投資。２０１８年4月には、95億ドルで買収すると発表した。

ショップとデリバリー機能を連携すれば、食品や食材だけでなく、家電や衣料などの商品も届けられる。クロスセリングによって客単価を高め、アリババ経済圏の成長を加速できるというわけだ。

オンラインとリアルのショッピングデータを統合すれば、利用者の生活行動を深く考察できる。地域による食材の嗜好性にあわせた品揃えや、フードコートのレイアウトにいかせる。フードデリバリーでは、オンライン注文のセントラルキッチンとしてモールを活用することも可能だ。

オンラインショップがリアル店舗を出店する際のアドバイスにもデータを使える。地域住民の購買力や特性の分析、収支計画のシミュレーションにデータは有効だ。マーチャントの顧客接点が拡大すれば、アリババ経済圏も自然に大きくなる。

アリババの長期戦略3つの鍵

20億人の稼働顧客を獲得するための戦略として、アリババは3つの鍵を用意した。グローバリゼーション、中国内の地方活性化、そしてビッグデータ・クラウドコンピューティングである（次ページ図参照）。

グローバリゼーションで掲げたのは、クロスボーダーコマースの推進。世界から中国へ、中国から世界へ、世界から世界へ、コマースを拡大するための世界貿易プラットフォームを構築することだ。

2つ目の鍵は、中国内の地方活性化。現在、中国内の地方人口は5・9億人。この人たちに高品質の商品やサービスを届けることによって、地方活性化をサポートする。

そして3つ目の鍵は、ビッグデータ・クラウドコンピューティングである。時代は情報テクノロジーからデータテクノロジーへ変遷している。アリババグループはデータインテリジェンスや機械学習、深層学習などを導入し、これまでにない顧客体験価値を提供しようとしている。

コアコマースでグローバリゼーションを推進しているのは、アリエクスプレス（Ali

アリババの長期戦略３つの鍵

Source: Alibaba Investor Day 2017

Express）とラザダ（Razada）である。

アリエクスプレスは世界中の消費者を対象にした国際的なマーケットを運営。現在16カ国語に対応し、ロシアや米国、ブラジル、スペイン、英国などで展開している。年間稼働客数は1億人を超えた。

ラザダはアリババグループが２０１６年4月に買収したＥコマースの会社。インドネシア、マレーシア、フィリピン、シンガポール、タイ、ベトナムの6カ国で２３００万人の年間稼働客にサービスを提供している。

これと並行して２０１７年5月には、マレーシアでデジタルフリー貿易ゾーンをスタートした。電子ハブと呼ばれるこのゾーンでは、スモールビジネスでも、国境を越えて簡単に商品を販売できるようになる。このゾーンを今後、世界各国で展開し、それぞれのゾーンを接続することによって、国際的なコマースネットワークを構築しようという計画だ。

アリババの創業者ジャック・マー氏がマレーシア政府顧問に就任している関係で、アリババとマレーシアは深い関係にある。２０１８年1月、アリババはこれまで中国国内で進めていたスマートシティプラットフォーム、シティブレイン（City Brain）を、マレーシアのクアラルンプールで展開すると発表した。アリババクラウド上で運営するＡＩを活用したプラットフォームで、動画や画像、会話を認識し、機械学習によって交通渋滞や都市の課題を発見し、解決する。

グローバリゼーションで地上戦略の重要な役割を担っているのがアントフィナンシャルのモバイル決済アリペイである。アリペイのモバイル決済加盟店は中国内では１０００万件を超えるまでになった。中国人の海外旅行者数は年１・２億人ともいわれている。世界中でアリペイを使えるようにする、と考えるのは当然のなりゆきであろう。世界中にアリペイ加盟店網を拡げている。

北米では米国とカナダ。欧州では英国、ドイツ、フランス、イタリア、そしてモナコ、ロシア。アフリカでは南アフリカ。アジアパシフィックでは日本、オーストラリア、インド、マレーシア、シンガポールでアリペイの加盟店開拓を進めている。これらの国々では、いずれアリペイ同様のモバイル決済を現地住民に提供するとみられる。アリババのグローバル経済圏はアリペイという決済が先陣となって切り拓いていく。20億人の顧客獲得目標に向かって。

２０３６年までに20億人のグローバル経済圏確立、という目標は簡単に達成できるものではない。それにアリババグループが総力をあげて取り組んでいる。そのパワーと執着心は驚異的だ。

主力部隊は、コアコマースと、デジタルメディア&エンタテインメント、ローカルサービス。これらを支えるのが決済・金融サービス、ロジスティクス、マーケティング&データ管理、そしてクラウドコンピューティングである。

これら7つの組織がデータとテクノロジーを有機的に活用することによって、20億人というとてつもなく巨大な経済圏をグローバルに形成しようとしている。

2 アリババ軍団の金融部隊

安全なEコマース決済として誕生したアリペイ

アリペイがスタートしたのは２００４年（次ページ図参照）。アリババグループのオンライン決済サービスとして誕生した。アリババがアリババドットコムをサービスインしたのは１９９８年。その６年後に決済サービスアリペイを開始した。

アリペイがスタートしたちょうど前年の２００３年に、消費者同士の取引を対象とした（Ｃ２Ｃ）タオバオモールを開設したことがきっかけとなった。個人間の商取引で問題となるのが、不正や偽造商品の販売である。モールを運営するためには、相手の商品を受け取って確認したのちに支払えるエスクロー（売り手と買い手を仲介する第三者機関）が必要だった。それを担ったのがアリペイで、当時はパソコンでのオンライン決済だった。

アリババグループと金融サービスの歴史

1998年 Alibaba.com（B2B）開始

2003年 Taobao（C2C）開始

2004年 Alipay開始

2008年 Tmall（B2C）開始

2009年 モバイル決済開始

2010年 マーチャント融資Taobao Loan開始

2011年 Alipay モバイルQR決済開始、S&Mフィナンシャル設立

2013年 少額融資Yu'E Bao開始

2014年 S&Mフィナンシャルがアントフィナンシャルに社名変更

2015年 資産管理Ant Fortune開始

2016年 Alipay Everywhere開始

2017年 キャッシュレス週間キャンペーン実施

モバイル決済をネイティブアプリで立ち上げたのは２００９年のこと。この時もモバイルでのオンライン決済だけだった。リアル店舗での決済を開始したのは２０１１年からで、モバイル機器やＯＳに依存しないＱＲ決済を採用した。

２０１１年といえば、米国でグーグルがウォレットをスタートした年である。グーグルが選んだのはＮＦＣ非接触決済だが、アリペイはＱＲコードを選択した。この違いは大きい。もしアリペイがグーグルウォレットの影響を受けてＮＦＣ非接触決済に進んでいたら、今日の発展はなかっただろう。

同年、アリババグループはアリペイや融資のタオバオローン（Taobao Loan）、少額投資のユエバオ（Yu'E Bao）などの金融サービスを統合し、アリババ本体から切り離すことになった。

その受け皿として設立したのがスモールアンドマイクロフィナンシャル（Small and Micro Financial Services Company）。３年後の２０１４年、アントフィナンシャルに社名を変更した。

アントとはアリのこと。小さいけれど、働きアリのように全員が力をあわせてゴールをめざせば、新しい未来が開ける。そういう気持ちを社名に込めている。

5つの部門を統括するアントフィナンシャル

アントフィナンシャルは5つの部門を統括している(次ページ図参照)。決済のアリペイ、資産管理のアントフォーチュン(Ant Fortune)、信用スコアリングのジーマクレジット(Zhima Credit)、銀行のマイバンク(MYbank)、そしてクラウドのアントフィナンシャルクラウド(Ant Financial Cloud)である。

ブルームバーグによると、アントフィナンシャルの2017年度(2017年3月末)税引前利益は55・6億元(900億円強)になった模様。前年度対比86%も伸びた。成長要因は中国外市場の拡大と資産運用部門の伸びである。アントフィナンシャルは2018年6月に140億ドルを調達。これによって、時価総額は1500億ドル(16兆円強)という世界有数の金融機関になった。

アントフィナンシャルのベースとなるのは、決済のアリペイである。2016年末の稼働利用者数は4・5億人。取扱高は1・7兆ドルとなった。2012年は700億ドル、2015年は1・2兆ドルだから、その伸びは凄まじい。2016年の1人あたりの年間利用金額は3780ドル、約40万円にもなる。アリババ市場の取扱高のうち75%をアリペ

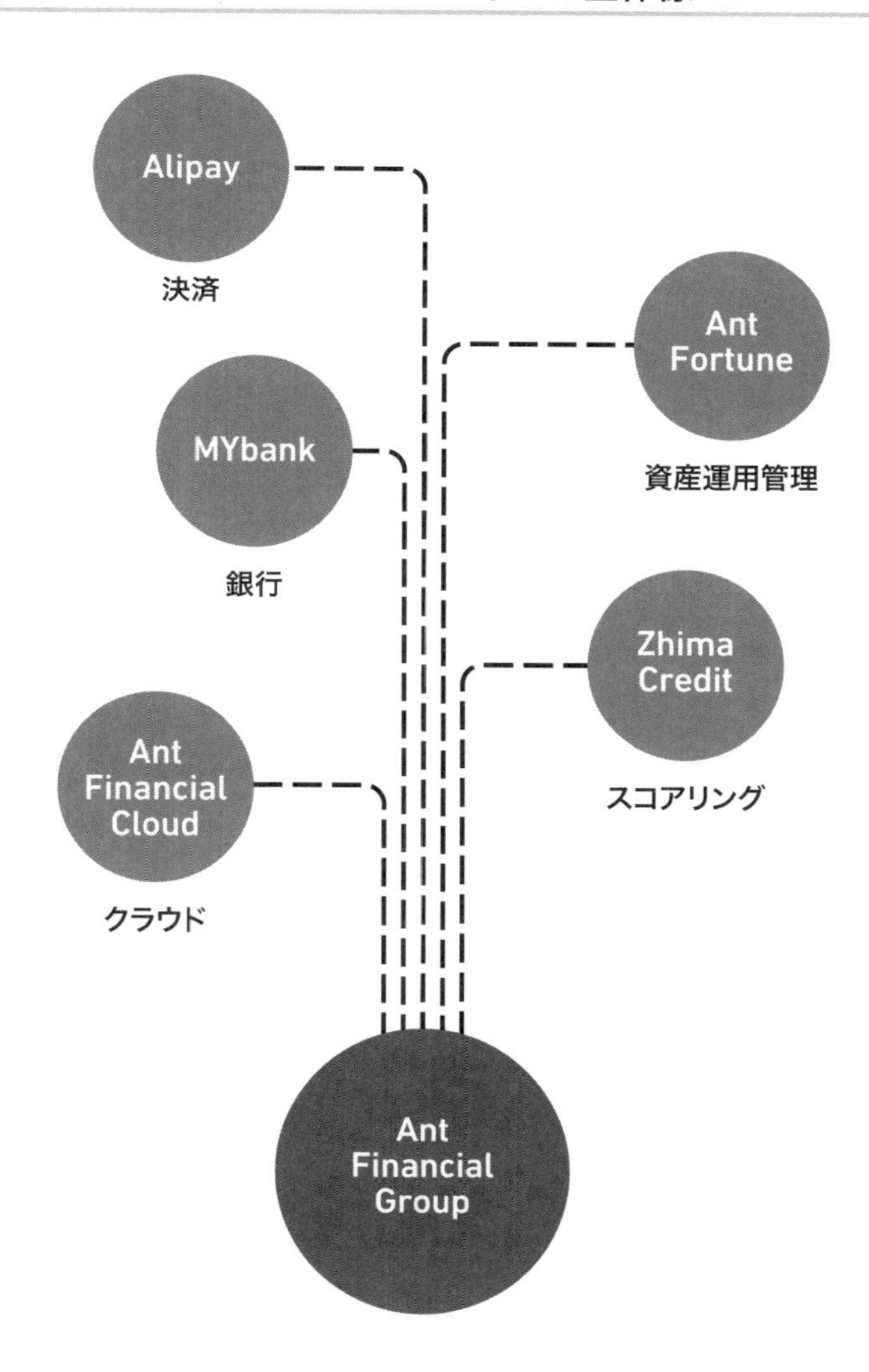
アントフィナンシャルの全体像
Alipay
決済
Ant Fortune
資産運用管理
MYbank
銀行
Zhima Credit
スコアリング
Ant Financial Cloud
クラウド
Ant Financial Group

イが握っていることを考えれば、年間40万円という数字もうなずける。

アリペイのモバイルアプリは統合金融ポータル

アリペイはアントフィナンシャルグループの金融サービスのベースだ。というのは、アリペイのモバイルアプリがさまざまな金融サービスを統合した金融ポータルアプリになっているからである。トップバーには最も利用頻度の高い決済機能を配置。スキャン(Scan)、支払い(Pay)、集金(Collect)、特典(Offers)の4つをならべている。

スキャンは友人やマーチャントのQRコードを読み取り、決済や送金する機能。支払いは利用者のスマートフォン上にQRコードを表示し、マーチャントがそれを読み取って決済する機能。集金は貸したお金を請求するリクエスト機能。特典は割引や優待などにアクセスする機能である。

アリペイのマーチャント数は2015年末時点で1000万件を超えた。これはオンラインとリアル店舗の合計である。そのうちリアル店舗は80万件だったが、現在は世界規模に拡大している。

2017年末時点でのアリペイ受付マーチャント展開国は、日本、米国、英国、フラン

アリババのモバイルアプリの内容

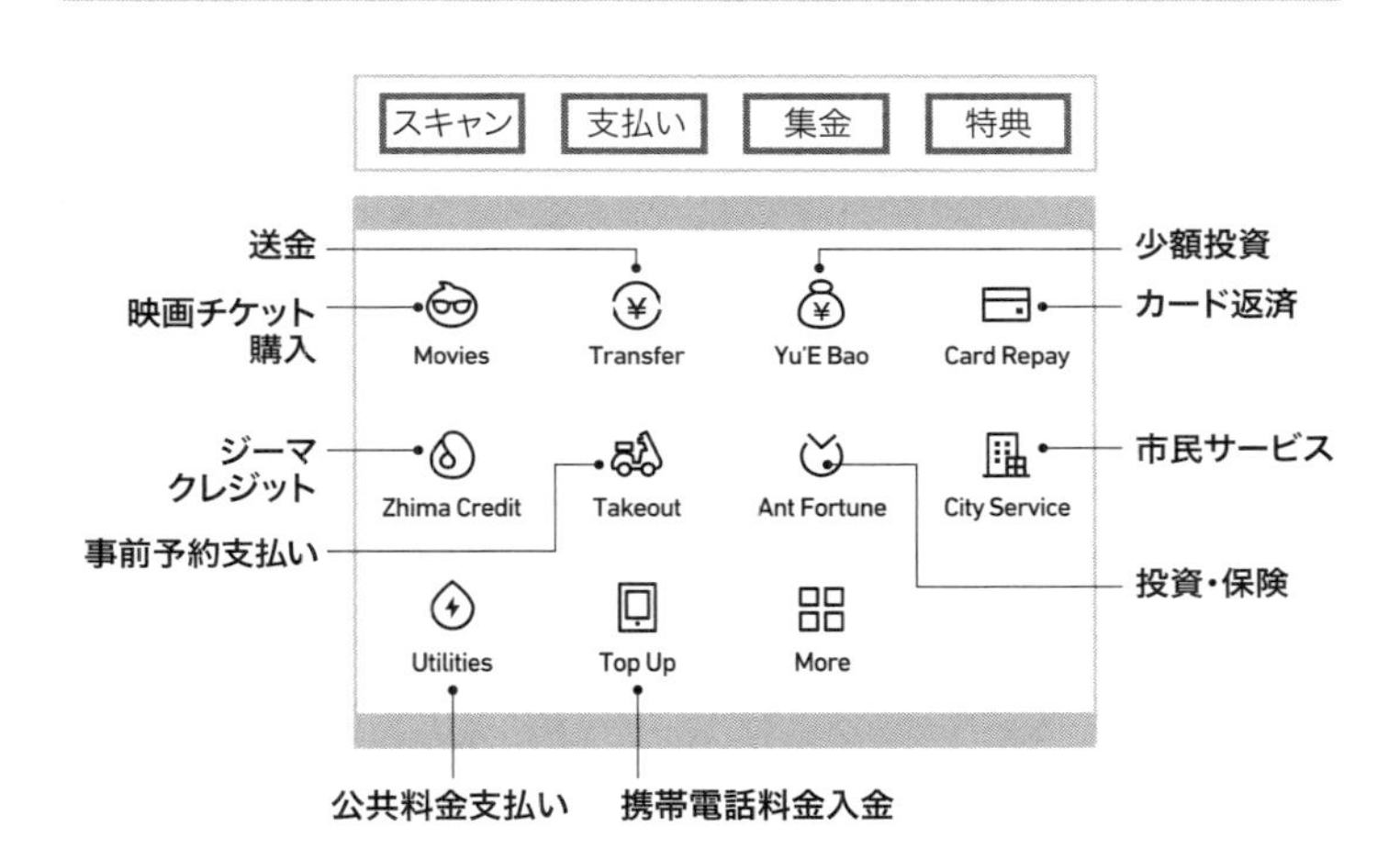

ス、ドイツ、オーストラリア、韓国、フィリピン、シンガポールなど。これまでは中国人の海外旅行者を対象にマーチャントを開拓していたが、これからは世界のアリペイ利用者を対象にしていく方針だ。

そのために、アントフィナンシャルは次世代の金融ネットワーク構想（Global Digital Financial Service Platform）を打ち出している。世界のアリペイ利用者は世界中から商品やサービスを購入し、世界中の人々に送金。世界のマーチャントは世界中に商品やサービスを販売できるようにする。これらを実現するプラットフォームを構築中だ。

このネットワークの処理能力は1秒に

8万6000件。国際決済ブランドのビザの処理能力1秒6万5000件を超えるスピードを有している。

アリペイのモバイルアプリは、決済以外にどんな金融サービスを提供しているのか（前ページ図参照）。アリペイ利用者がよく利用するものを左上から順に配している。映画チケット購入のアイコンがトップ。その横が、モバイルで簡単にできる送金サービス、少額投資のユエバオ、そしてクレジットカードの返済ができるアイコンである。

その下段には個人の信用度をスコア化したジーマクレジット。ファストフードレストランなどで事前にモバイルで注文し、決済を済ませてテイクアウトする事前予約支払い（Takeout）。本格的な投資や、オンデマンドで利用できる保険を提供するアントフォーチュン（Ant Fortune）。そしてジーマクレジットと連動する市民サービス。

さらにその下段には、電気や水道などの公共料金支払い。プリペイド式携帯電話のための入金（Top Up）機能など、多様な金融サービスを揃えている。アリペイのアプリを立ち上げれば、ほとんどの金融サービスとそれに関連するサービスを利用できるようになっている。

少額投資でアリペイ利用が急伸

アリペイの利用者は２０１６年末に４・５億人、２０１７年3月末の発表では５・２億人となっている。ここまで利用者を拡大したのは、決済の利便性だけではない。前述したさまざまな金融サービスを総合的に提供しているからである。なかでも投資運用サービスが牽引役になっている。

ある日アリペイ担当の社員は、消費者の多くがアリペイ口座に資金を残していることを発見した。これを元に投資できれば利用者はもっとアリペイを使うのではないだろうか。２０１３年、アリペイは少額投資のユエバオ（Yu'E Bao：余額宝）をスタートした。

アリペイの口座からユエバオ口座に資金を移せば、自動的にＭＭＦ（Money Market Funds）で運用。銀行の預金金利よりも高いリターンを獲得できるように設計した。パートナーとして選んだのは天弘基金（Tianhong Asset Management）。最低1元（約17円）から投資できるローリスクのサービスを開発したのである。

一般のＭＭＦは最低購入額が１０００元からだ。それが1元からになれば、気軽に投資できる。解約ペナルティがなく、その日に決済できるため、流動性が高い。

２０１５年には規模が大きくなったため、資産管理サービスとしてアントフォーチュンをスタートした。２０１３年第２四半期２９００万ドルだったユエバオの預かり資産は、２０１７年末には２３３０億ドル（約26兆円）に飛躍。世界最大のＭＭＦの１つに数えられるようになった。

２０１８年１月５日のユエバオ運用利回りは４・３３３０％と高い。普通預金口座の金利が０・００１％の日本人にとって、この金利は垂涎ものだ。かくしてユエバオの加入者数は２・６億人、アントフォーチュンの累積利用者数は３・３億人となり、年間17％の割合で増え続けている。

キャッシュフロー改善に融資ビジネス

アリババは２０１０年からタオバオやティモールのマーチャント向けに、少額融資のタオバオローンというサービスを開始した。アリババのオンラインマーケットに参加しているマーチャントは、個人事業主や中小企業が多い。アリペイは、売り手と買い手の仲介役として不正を排除するエスクロー制度を適用しているため、売り手のマーチャントへの入金は２週間後が通例で、資金繰りに困るマーチャントもあった。

個人事業主や中小企業なので銀行からは簡単に融資を受けられない。２週間後の入金がアリババマーケットの発展を妨げる要因になっている。そう考えたアリペイは２０１０年４月、運転資金を融通するためにタオバオローンをスタートしたのである。

タオバオローンは無担保融資。出店者の経営状況やクレジットヒストリー（信用履歴）をオンラインで審査し、融資金額や金利を設定している。２０１６年の融資件数は、スモールビジネスや起業家を対象に４１１万件。累計融資額は１０７３億ドル（約12兆円）と驚くほどの額になっている。

アントフィナンシャルは、融資サービスを個人事業主やスモールビジネスから、一般消費者にも拡大した。中国成人の75％は銀行口座を保有しているが、公式な金融機関から融資を受けた経験がある人はわずか10％しかいない。

そこで２０１４年、消費者向けに後払いのファベイ（Huabei：花唄）をスタートした。クレジットカードの翌月一括払いに相当するサービスである。分割払いにすることも可能で、その際は手数料がかかる。３回払いの手数料は２・３％だ。

２０１６年11月11日の独身の日だけで39億ドルのファベイが利用された。２０１６年の利用者数は１２００万人、累計融資額は４３０億ドル（５兆円）になった。２０１７年の

〝独身の日〟には、利用限度額を一時的に80％もアップ。その効果もあって、２５３億ドルという過去最高の売上を記録した。

スモールビジネスと消費者の両方をあわせた累積融資額は、わずか数年で10兆円を超えたのである。２０１７年3月末時点の年間融資利用者数は1億人。ファベイを利用している人のうち73％が年間6回以上利用している。融資残高は資産担保証券（Asset-Backed Securities）にして、機関投資家に販売している。

中国人の信用度を高めるスコアリング

アリババグループのモール出展者への融資にしろ、消費者向けの融資にしろ、リスクマネジメントがしっかりしていなければ、回収できなくなる。アントフィナンシャルが融資を本格的にスタートしようとした時、中国には整備されたクレジット情報センターがなかった。

２０１５年、中国中央銀行はクレジットスコアリングビジネスを開発するため、サードパーティ8社を選択した。その1社がアントフィナンシャルだった。アリババグループと熾烈な競争を繰り広げるテンセントも同時に選ばれている。中国中央銀行がそれまで保有していた個人情報は8・6億人分だが、信用情報として使えるのは3億件しかなかった。アントフィナンシャルには、これまで蓄積した個人とスモールビジネスの膨大なデータがある。それを活用して、ジーマクレジット（Zhima Credit：芝麻信用）を立ち上げた。

２０１７年3月末でジーマクレジットの稼働利用者数は2億５７００万人、年間成長率は95％と高い。

信用度の測定には5つの指標を使っている。クレジット履歴、金融サービスの利用動向、契約能力、本人特定情報、ソーシャルネットワークサービス（ＳＮＳ）利用状況の5つである（次ページ図参照）。２０１６年7月には、スモールビジネス向け与信スコアリング、Ling'Zhi（スマートセサミ）を開発した。

これらの指標はアリババグループでの購入履歴やアントフィナンシャルでの支払い履歴、投資や保険の契約履歴、ソーシャルネットワークの利用データを元にしたもの。つまりアリババグループの商品やサービスをたくさん購入し、アントフィナンシャルの金融商品を多く利用している人ほど、高いスコアになるという仕組みである。

だから、アントフィナンシャルの利用者のうち、2つ以上のサービスを利用している人は4・3億人、3つ以上になると2・5億人、金融サービスすべてを利用している人は

ジーマクレジットでの信用度の測定指標
クレジット
履歴
SNS
利用状況
金融サービス
利用動向
ジーマクレジット
本人特定情報
契約能力

6000万人と、複数利用者が多い。

ジーマクレジットのスコアは350から最高950まで。350〜550は信用度が低い。550〜600は普通、600〜650は良好、650〜700は優秀、700〜950はハイクラスとなっている。この5段階によって、提供されるサービス、金利や融資額などが異なる。

ジーマクレジットのスコアは与信に使われるだけでなく、サービス利用にも適用される。中国人の信用度を高めようという国民的な視点からの啓蒙活動でもある。例えばスコアが600以上であれば、街中のレンタル傘や携帯電話の充電器が無料で借りられる。携帯電話で近くの借りられる場所を探し、QRコードをスキャンすればいい。ホテルのデポジットも不要だ。チェックアウト時に部屋の鍵を返却するだけで、アリペイ口座から自動的に引き落とされる。

スコアが高くなれば、入国ビザや図書館の利用手続きが簡略化される。変わったところでは、スコアが750以上の人たちだけが参加できる婚活もある。傘や充電器、借りた本などを返却しなければ、減点されて信用力が落ちるから、みんなまじめに利用する。

信用度が上がれば、社会生活が楽になる。だから、みんな競ってスコアを上げようとする。中国では、獲得したスコアをみせあう光景は日常的だ。ジーマクレジットは自主的な行動によって、信用度を高めようという社会的意義のあるスコアリングシステムだ。融資を受けるためだけのスコアではない。

アントフィナンシャルの国際展開

アントフィナンシャルを利用する中国人は、2017年度末で5・2億人。中国内の利用者を増やすのはもちろんだが、アントフィナンシャルが狙っているのは世界中で利用者を増やすことである。

そのため、買収や投資、提携を積極的におこなっている(次ページ図参照)。2015年、アントフィナンシャルはアリババとともに、インドのモバイル決済ペイティエム（Paytm）へ6・8億ドルを投資。その時点で40％のシェアを獲得した。2017年3月にはさらに1・77億ドルを投資し、50％強のシェアを確保している。5月にはソフトバンクが10億ドルを投資してペイティエムの筆頭株主になった。ペイティエムはそうした期待に応えて2・8億人を超えるまでに利用者を増やしている。

アントフィナンシャルは2016年11月にはタイのアセンドマネー（Ascend Money）

アントフィナンシャルの買収投資先

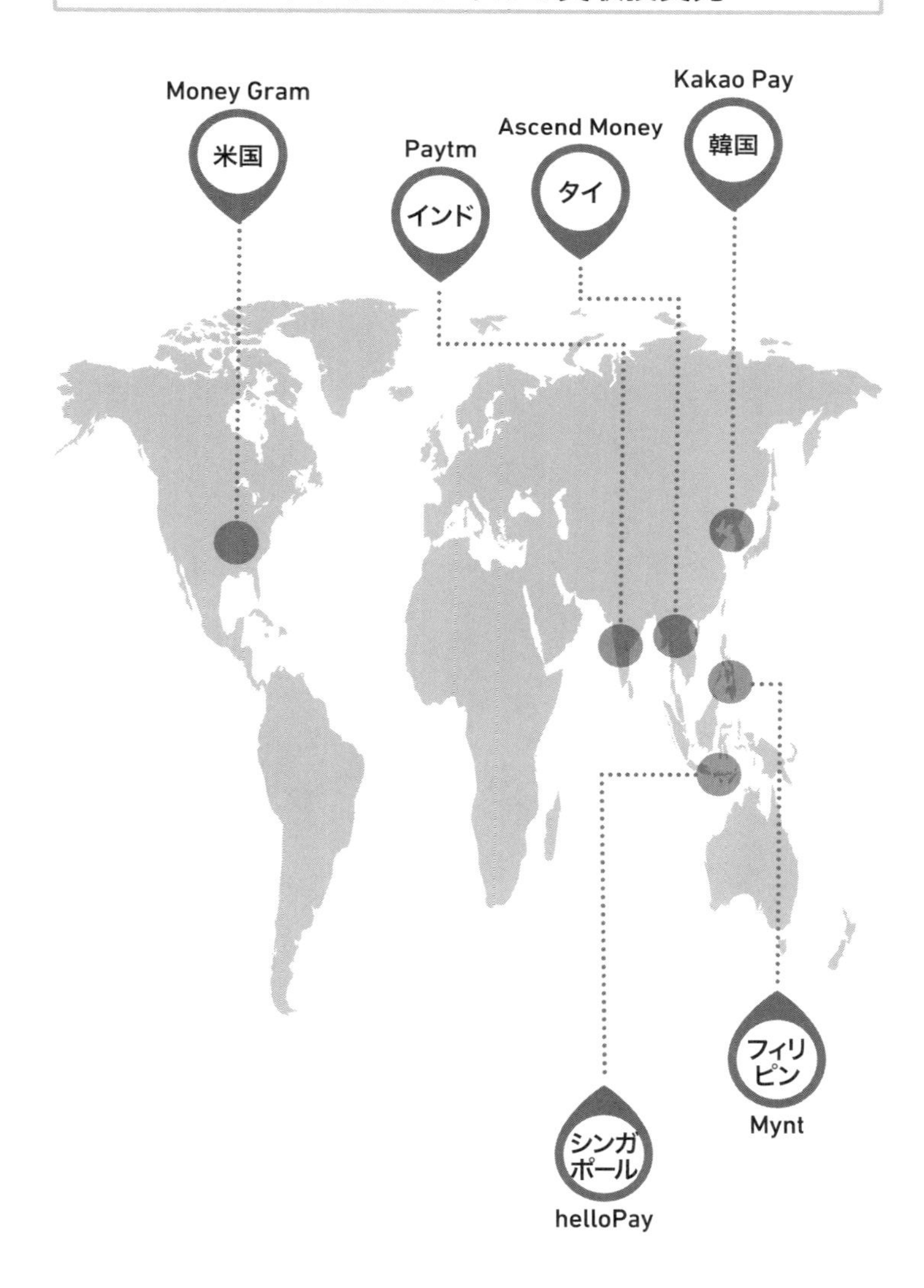

へ投資。アセンドマネーはタイの通信キャリア、トゥルー（True Corporation）からスピンアウトした会社で、主に親会社のＥコマース市場に決済サービスを提供している。カバーする国は、ベトナム、カンボジア、フィリピン、ミャンマーと広い。

２０１７年2月にはフィリピンの通信キャリア、グローブ（Globe Telecom）の決済部門ミント(Mynt)へ出資。ミントはモバイル決済の会社で、電子マネーGキャッシュ(Gcash)を提供している。この電子マネーで携帯電話の通話料や公共料金が支払えるほか、ショッピングもできる。保有顧客数は３００万人だ。

さらに同じ2月、韓国のメッセージングアプリ会社カカオ（Kakao）の子会社のカカオペイ（Kakao Pay）に2億ドルを投資している。メッセージアプリのカカオトーク（Kakao Talk）利用者は４８００万人。カカオペイの利用者は１４００万人いる。

4月にはいると東南アジアでＥコマースを展開するラザダのオンライン決済プラットフォームであるハローペイ（helloPay）グループを買収した。アリババは２０１６年4月にラザダを10億ドルで買収済み。アントフィナンシャルはその決済プラットフォームも買収したのである。買収前は、シンガポール、マレーシア、インドネシア、フィリピンで、ハローペイサービスを展開していたが、買収後はアリペイＳＧ（Alipay SG）やアリペイ

ＩＤ（Alipay ID）というように、アリペイの後ろに国名をつけた名称に改変している。

２０１７年1月には国際送金サービスのマネーグラム（Money Gram）の買収を発表した。しかし、米国当局の承認を得られず、買収から戦略的提携に切り替えた。このほか、アフリカやラテンアメリカへの進出も目論んでいる。

２０１７年12月、ロンドンに本拠をおき、アジアや中東、アフリカに強いスタンダードチャータード銀行と提携した。目的は中国政府が推進する一帯一路戦略の対象国への金融サービスを拡大することだ。アントフィナンシャルはスタンダードチャータード銀行のリソースとネットワークを活用し、スタンダードチャータードはアントフィナンシャルの革新的な技術を活用する。

アントフィナンシャルはグループ利用者20億人という目標達成のために世界規模の投資、買収、提携を矢継ぎ早に打っている。が、その国際戦略は単に利用者を積み上げるという単純なものではない。アントフィナンシャルが保有する資産をこれらのパートナーに提供する。それは技術力であり、運営経験であり、商品・サービスのノウハウ、リスクマネジメント、事業戦略立案能力であったりする。決めた目標は必ず達成する。アントフィナンシャルのグローバル展開から、先兵隊としての強い意気込みが感じられる。

3

経済圏はキャッシュレス

アリペイの驚くべきキャッシュレス構想

今後5年以内に中国をキャッシュレス社会にする。アリババとアリペイは2017年2月、大胆な構想を発表した。これに呼応したのが、杭州、武漢、天津、福州、貴陽の5都市。アリペイのキャッシュレスシティ・プログラムに署名した。

5都市の人口を聞くと、これらの都市がどれだけすごい決意をしたかがわかる。杭州の人口は920万人、武漢は1060万人、天津は1550万人、福州は760万人、貴陽は340万人だ。東京都や神奈川県クラスの都市がキャッシュレスシティ構想に参画したのである。国家の戦略ではない。一私企業のキャッシュレス構想に乗ったのである。

キャッシュレスシティという名誉を手に入れるための条件がまたすごい。その都市の経済活動や消費、交通、公共サービスにおけるデジタル決済比率が90％以上であること。福州ではリアル店舗のモバイル決済比率を２０１７年末までに90％にするという計画を立てた。天津ではキャッシュレスキャンパスというコンセプトを導入。市内の大学生70万人を対象に、学費やキャンパス内のバス運賃の支払いをモバイル決済にする。

アリペイはこの構想に基づいて、２０１７年8月1日から8日までをキャッシュレス週間に設定し、一大キャンペーンを実施した。アリペイのマーチャント数は１０００万件。アリペイをこれらのマーチャントで2元以上使えば、０・８８元（15円）から、最高４８８８元（8・3万円）もらえるという内容だ。キャッシュバックはアリペイ口座にたまる。

さらに、キャンペーン期間中、アリペイを1日に複数回利用すれば、金塊1万８８８８グラムのかけらがあたる抽選に参加できるようにした。原資はアリババとマーチャントの負担だ。

8月のキャッシュレス週間にあたり、アリペイはビジネスパートナー向けにメッセージを発信した。ちょっと長くなるが、すばらしい内容なので、その要約（翻訳）を紹介しよう。

「キャッシュレスシティ週間がいよいよはじまります。モバイル決済の新たな体験を、皆さんと一緒に創造していきたいと考えています。

これは単なるプロモーションではありません。多くの人がモバイル決済の利便性を感じれば、多くの店が潤い、都市サービスが継続的に改善され、二酸化炭素の削減につながります。地球はより緑に、空はより青くなることでしょう。

みなさんの中には、モバイル決済に不慣れな人もいるでしょう。ビジネスパートナーのみなさんには多少の我慢と、多くのガイダンスをお願いしたいと思います。技術の進歩は世の中から思いやりを奪うものではないと、私たちは信じています。

これは私たちのほんの小さな努力と挑戦ですが、多くの金融機関やパートナーとの協業によって、すばらしい未来をつくっていきたいと考えています」

このメッセージにはキャッシュレスの大義がある。大義があればこそ、人々は共感し、都市が動き、国家が動く。

日本政府は2025年に向けて、個人消費支出の40％をキャッシュレスにするという方針を立てた。しかし、残念ながら大義がみえない。明確なメッセージが国民に届かない。

アリペイのキャッシュレスシティに参加した都市では、5年以内に個人消費支出を含むすべての経済活動の90％をキャッシュレスにすると発表した。このスピード感の違い、目標設定の高さの違いは何なのだろうか。

キャッシュレスキャンペーンの元祖

アリペイがキャッシュレス週間をスタートしたのは２０１７年。しかしその3年前から8月8日をキャッシュレスデーに定めてプロモーションを実施していた元祖がいる。モバイル決済でアリペイと熾烈な競争を繰り広げているテンセントのウィチャットペイである。アリペイがキャッシュレス週間なら、我々はキャッシュレス月間にしよう。ウィチャットペイは２０１７年の8月末までをキャッシュレス月間としてキャンペーンを実施した。競合相手がともにキャッシュレス週間とキャッシュレス月間で中国のキャッシュレスを推進するというめずらしい状況となった。

ウィチャットはキャッシュレス月間にあわせ、ウィチャットペイの実データとオンライン調査をもとにした「２０１７中国モバイル決済利用状況レポート」を発表した。

ウィチャット利用者のうち、月間の現金支払額が20％を切るという人は52％もいた。半数以上がキャッシュレス派といえよう。日々の現金保有率は若年層ほど低い。90年代以降に生まれた人の平均的な現金保有額は172元（約3000円）。80年代以降は328元（約5600円）、70年代以降は479元（約8100円）、60年代以降になると557元（9500円）となっている。

「現金なしで外出すると不安か」という質問に対し、84％は「モバイル決済を利用するから現金がなくてもだいじょうぶ」と回答している。中国人の40％は通常100元以下の現金しかもっていない。

マーチャントでモバイル決済が現金より多い業種は、飲食、小売、娯楽、旅行だった。特に飲食業界のモバイル決済受付率は高い。ファストフードでは74％、ベーカリーは69％、カフェが66％、レストランは64％だった。小売ではコンビニが68％、スーパーが63％。娯楽では、映画館が77％、カラオケバーが60％、美容院が53％。旅行ではタクシーが62％、ホテルが57％、アトラクションが56％だった。

中国人のモバイル決済利用状況は、欧米諸国以上に進んでいる。しかもここ数年で一気にモバイル決済が浸透した。その延長には、高度に進んだキャッシュレス社会がみえている。

テンセントにはじまるキャッシュレス決済の流れ

競合環境がキャッシュレス経済圏を拡大

アリペイの競合として突如浮上してきたのがウィチャットペイである。２０１６年のアリペイ取扱高は１・７兆ドル。対してウィチャットペイは前年の０・４兆ドルから一気に１・２兆ドルへ伸ばし、アリペイ追走体制にはいった。

ウィチャットペイを運営するのはテンセントである。テンセントは１９９８年創業（上図参照）で、中国広東省深圳に本拠をおく世界最大のオンラインゲーム会社。ＱＱとウィチャットという中国最大のソーシャルメディア運営会社でもある。ＱＱはチャットとEメール機能を備えたコミュニケーションプラットフォーム。ウィチャットはメッセージアプリである。QQとウィチャットの両方をあわせた月間稼働ユーザー数は10億人を超えている。

テンセントが決済分野に参入したのは2005年。アリペイのリリースから9カ月後である。アリババとテンセントのライバル意識は強烈だ。アリババはマーケットプレイスでの利便性を高めるためアリペイという決済ソリューションを開発した。その後を追って、テンセントはオンラインゲームやQQで販売する音楽コンテンツなどの販売を目的に、テンペイ（Tenpay）という決済サービスをリリースした。

さらにテンペイは、アリババと競合するJDドットコムなどのEコマースにも利用範囲を拡げている。モバイル決済をスタートしたのは2008年。その3年後の2011年にメッセージアプリのウィチャットをリリースする。

2013年、テンセントはテンペイをウィチャットに統合し、ウィチャットアプリ内の決済機能としてウィチャットペイにサービス名称を変更した。ウィチャットペイはデビットやクレジットカード、銀行口座とリンクするウォレットで、送金機能やQR決済機能をつけている。ちなみにアリペイは2011年からQR決済をスタートしている。

アリペイにはアリババグループという巨大なマーケットプレイスがあるが、ウィチャットペイにはない。アリペイに追いつき、追い越すにはオンラインとリアル店舗の開拓が不可欠だ。オンラインではＪＤドットコムに出資、リアル店舗ではマクドナルドやシェル石油などの大手と提携して積極的なプロモーションを展開している。その成果が取扱高１・２兆ドルという実績となっている。

２０１４年にはウィチャットペイを決済だけでなく投資にも使えるようにするため、資産管理サービスの理財通（LiCaiTong）をスタートした。アリババグループのアントフィナンシャルは、２０１３年に少額投資のユエバオをリリースしている。理財通もユエバオと同じように最低1元から投資できるようにした。その利便性が受けて急伸。利用者数は１０００万人を超えている。

ウィチャットがバラまいた電子紅包

ウィチャットペイを一躍有名なものにしたのは、２０１４年2月の春節（旧正月）に実施した紅包（ホンバオ：Red Packet）キャンペーンである。中国では日本と同様、正月にお年玉を家族や親族に贈るという習慣がある。中国の場合はもっとカジュアルで、近所の子供たちや従業員にも少額の紅包を配ると、それが幸福となって我が身に返ってくると信じられている。

ウィチャットペイはこの紅包を電子化。ウィチャットのアプリを起動し、スマートフォンをシェイクすれば、テンセントからお年玉がもらえるというキャンペーンを企画した。2014年旧正月の前夜祭にウィチャットでプレゼントされた紅包は800万件。ウィチャットペイの新規獲得件数は2日間で2億件となった。

世界最大のゲーム会社だけあって、テンセントはウィチャットペイという決済サービス拡販のためのキャンペーンをゲーム化したのである。電子紅包にはいっているお年玉の金額はさまざま。みんな競ってスマートフォンをシェイクした。

2015年の旧正月には日本の紅白歌合戦に相当するテレビ番組と提携してキャンペーンを実施。特定の時間帯に電子紅包が配布されるとあって、数億人の中国人がテレビに釘づけとなった。テンセントが用意した金額は、メーカー協賛も含め150億円というからすごい。2016年旧正月前夜の紅包送受信件数は80億件を超えたという。

2017年旧正月のキャンペーンの結果は6日間で460億件の紅包が送受信されている。競合相手のアリペイも2015年から紅包戦争に参戦。2017年の旧正月には1・

7億人のユーザーが参加した。

この積極的なマーケティングによって、ウィチャットペイの利用者数は２０１７年末で7億人になった。ウィチャット利用者数は9億８９３０万人だから、70％強が決済サービスを利用していることになる。ちなみにアリペイの２０１７年末の利用者は５・２億人だった。

ウィチャットペイの利用者数がアリペイより多いのは、チャットアプリに組み込まれているからだ。アリペイという決済アプリとウィチャットというメッセージアプリの違いがその差をうんだ。ウィチャットは利用頻度が高い。１日最低1回ウィチャットを利用する人は、ウィチャット登録者のうち94％。１日10回以上利用する人は60％、１日30回以上という人は36％もいる。

アプリの利用頻度が高いため、スマートフォンのトップページにウィチャットが配置されていることが多い。アリペイは決済アプリなので2ページ以降に配置されることもある。モバイルアプリにとって、トップページのポジションを獲得することがいかに重要かがわかる。

アリペイとウィチャットペイの収益比較

収益について2016年の推計値（Kapronasia Analysis）を比較してみよう（次ページ図参照）。アリペイの金融サービス総収入（売上に相当）は97億3000万ドル（約1兆円）で、取扱高収益率は0・572%。ウィチャットペイの総収入は36億2000万ドル（約0・4兆円）で、取扱高収益率は0・320%だった。やはりアリペイのほうが、決済分野では一日の長がある。

国際決済ブランドのビザの取扱高収益率は0・180%、マスターカードは0・223%だ。アリペイもウィチャットペイも、国際ブランドより高い。それは、顧客とマーチャントの両方を保有していることに起因する。国際ブランドはオープンループモデル。アリペイやウィチャットペイはクローズドループのモデルで、収益を自社ネットワーク内に取り込めるからである。

金融サービス総収入は、決済手数料収入、融資収入、その他の金融収入で構成されている。まず、決済手数料を比較する。

アリペイの手数料収入は74億5000万ドル、ウィチャットペイは25億3000万ドル

アリペイ VS ウィチャットペイの収益比較（2016年）

（推計値：$100万）

	金融サービス総収入	決済手数料収入	融資収入	その他の金融収入
アリペイ	$9,730	$7,450	$2,058	$221
ウィチャットペイ	$3,620	$2,503	$1,101	$16

Source: Kapronasia Analysis, Credit Suisse, iResearch

だった。両者とも送金手数料は無料だが、マーチャント取引では決済手数料として平均0・6％を徴求している。銀聯の手数料は1％を切ってはいるが、中国の銀行が参加して構築運用しているため、アリペイやウィチャットペイのように安くできないという事情がある。

融資収入はアリペイが20億5800万ドル。総収入の21％を融資サービスが占めている。ウィチャットペイの融資収入は11億100万ドル、総収入に占める割合は30％とアリペイより高い。

投資や保険など、その他金融収入はどうか。アリペイは2億2100万ドル、ウィチャットペイは1600万ドルだった。

アリババとテンセントはライバル意識むき出しで、激しいバトルを繰り広げている。アリババはマーケットプレイス、テンセントはオンラインゲーム、核となるビジネスはちがうが、時価総額で世界一を競いあい、決済サービスでもビザやマスターカード、そして銀聯を追い抜こうとアクセルを踏む。

その競争心は成長エンジンとなり、両者の取扱高はいずれも1兆ドルを超え、さらにその先をたぐり寄せるまでになった。2016年のアリペイ取扱高は1・7兆ドルで成長率42%、ウィチャットペイの取扱高は1・2兆ドルで成長率は前年対比3倍だ。この成長率が今後も続くとは思えないが、中国の人口、いや世界の人口を考えれば、まだまだ余力はじゅうぶんだ。

中国小売消費市場で進むデジタル決済

13億人を超える人口ボーナスの恩恵にあずかる中国経済は、日の出の勢いはなくなったとはいうものの、世界平均を上回る成長を続けている。その経済の最終チェックアウト機能をになう決済。なかでもインターネット決済とモバイル決済には勢いがある。

金融包摂をテーマに電子決済を推進する非営利団体ベターザンキャッシュアライアンス

(Better Than Cash Alliance) のレポート (Social Networks, e-Commerce Platforms, and the Growth of Digital Payment Ecosystems in China) によると、中国小売消費支出は大きく成長している。2010年4・5兆ドルだった小売消費支出は、2015年には16・8兆ドルと3・7倍になり、2020年には26・3兆ドル (約3000兆円) になると予測している。日本政府が2020年の目標にしているGDP600兆円の5倍を、中国は小売消費支出だけで達成する。

小売消費支出に占める決済手段の内訳はどうなっているのだろう。2010年、現金は2兆7290億ドル、カードが1兆5800億ドル、インターネット決済は1450億ドル、モバイル決済は90億ドルだった。決済比率が最も高かったのは現金で61%だった。ついでカードが35%、インターネット決済が3%、モバイル決済は小数点以下で顕在化していなかった。

2015年になると、様相が変わる。カードが小売消費支出シェア44%でトップとなった。取扱高は7兆3400億ドル。2010年にトップだった現金のシェアは40%に減少し、取扱高6兆6600億ドルで、王座からすべり落ちた。インターネット決済は1兆5070億ドルで、シェアは9%。モバイル決済は1兆1350億ドルで、シェアは

8%に拡大した。

2020年の予測はどうか。小売消費支出シェアでトップはカードで変わらない。取扱高は10兆8350億ドルになるが、成長率は鈍化しシェアは41%に減少。2位は現金が居座るが、取扱高7兆9600億ドルでシェアは30%になる。インターネット決済は取扱高を4兆3220億ドルに伸ばし、シェアは16%に拡大。モバイル決済も3兆1390億ドルになり、シェアを12%まで拡げる。

モバイル決済がキャッシュレス中国を牽引

中国小売消費支出の推移で特徴的なのは、2010年から2020年までの10年でキャッシュレス化が劇的に進むと予測されていることである。中国で貨幣が使われはじめたのは紀元前770年頃といわれている。以来、2010年までの約3000年間は現金社会だった。それが2010年代に突入するや、一気にキャッシュレス社会に変貌する。

中国では現在、現金の信頼度が低く、使い勝手が悪いと不人気だ。偽造通貨が横行し、取引ごとにチェックしなければならない。通貨の最高額が100元(1700円)というのも現金離れの一因。高額商品の購入には多くの紙幣が必要になる。

こういう理由から、現金シェアは2010年の61%から2020年には30%へ半減する(次ページ図参照)。キャッシュレスの推進役はインターネット決済とモバイル決済だ。両者をあわせた2015年のシェアは17%となり、2020年には28%へ躍進する。

2016年1月時点で、中国のインターネット利用者数は6・9億人。米国人口の2倍を超える。総人口に占めるインターネット普及率は50%だから、まだ伸びる余地は大きい。グーグルの2016年調査によると、中国人のモバイル普及率は高く、96%が保有している。そのうちスマートフォンのシェアは71%になっている。先進国の多くはパソコンからスマートフォンへステップアップするのだが、中国ではいきなりスマートフォンの利用が拡大し、モバイルコマース、モバイル決済へ移行した。中国ではEコマースの6割がモバイル機器からの購入といわれ、2020年までに7割を超えると予測されている。

アリババ経済圏のリード役はモバイル決済のアリペイ。テンセント経済圏はモバイル決済のウィチャットペイが牽引する。中国ではカードが使えないところがあっても、アリペイやウィチャットペイが使えないところは少ない。現金を出すと、嫌がるマーチャントがほとんどだ。ここ数年でショッピング風景が激変した。両者の激烈な戦いが、中国のキャッシュレスを加速している。それは、経済圏拡大競争の思わぬ産物でもある。

中国小売消費支出の決済タイプ別シェア

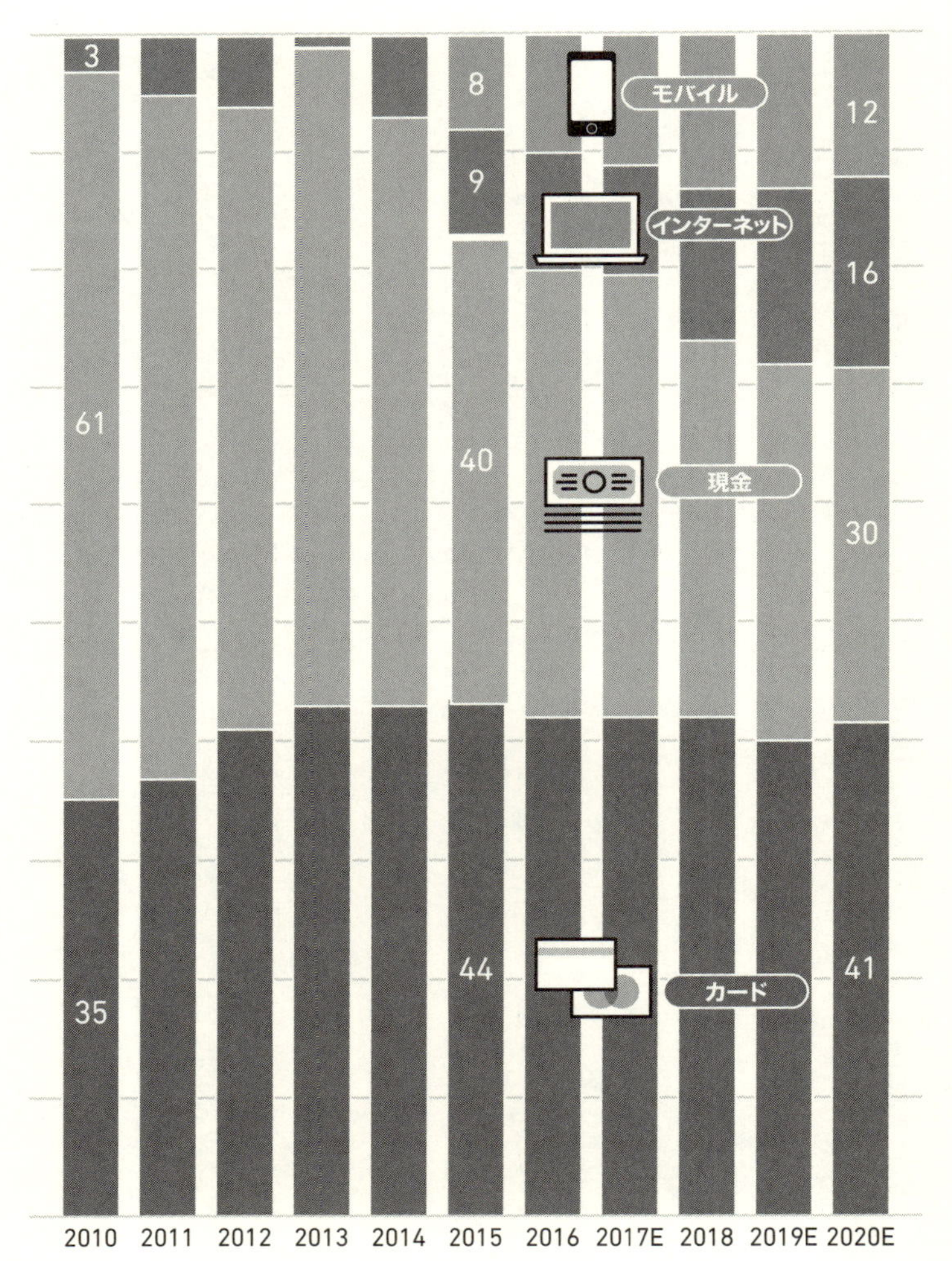

Source: Kapronasia Analysis, Euromonitor, National Development Council, World Bank

アリババの野望

アリババ経済圏拡大の先鋒を務めるアリペイ

アリババグループは、アリババ経済圏というビジョンを明確に示している（117ページ参照）。端的にいえば、コマース、デジタルコンテンツ、金融、物流、マーケティング、クラウドというグループをあげて、経済圏の住民、つまり顧客に最良のサービスを提供することである。稼働顧客目標は、20億人。２０３６年までの達成をめざす。

20億人という目標は、中国だけで達成しようとしているわけではない。狙いは全世界だ。その役割を担っているのは、アリババの根幹ビジネスであるコマースだけではない。傘下の金融会社アントフィナンシャルにも多くを託している。もっと具体的にいうと、アントフィナンシャルのモバイル決済アリペイに先鋒を託しているのである。

コマースで経済圏を拡大するためには、ロジスティクスの整備が必要。しかしモバイル決済なら、国を選ばず、国境を越えてどこにでもスピーディに展開できる。世界中にモバイルネットワークが張りめぐらされているからだ。コマースよりもまず決済で全世界を手中に収める、という戦略なのである。

モバイル決済アリペイの躍進は驚異的だ。2012年、アリペイの決済額は700億ドルだった。それが2015年には1・2兆ドルになり、2016年には1・7兆ドルになったのである。ほとんど形のない状況から、わずか数年で180兆円を超える一大決済ビジネスへ成長すると誰が想像したことだろう。プラスチックカード決済ではなく、モバイル決済がそれを可能にした。

アリペイの決済額は1・7兆ドルなのに、アリババグループの売上高は230億ドルというのはなぜか。それは決済額の一部だけが売上として計上されるからである。経済圏の強さは売上高で決まる。しかし、独自決済手段による決済額もまた経済圏の強さを示す指標といえる。国家の強さはGDPとその成長力で表される。アリペイの決済額を世界各国の2016年GDPと比較すると、カナダ(1・5兆ドル)や韓国(1・4兆ドル)、ロシア(1・3兆ドル)を抜く。ちなみに中国のGDPは11・2兆ドル。アリペイの決済額はその15%を占めている。

AIで進化するアリババ経済圏

アリババは長期戦略として3つの鍵を用意した。グローバリゼーション、中国内の地方活性化、そしてビッグデータ・クラウドコンピューティングである。

グローバリゼーションの先鋒がアントフィナンシャルであり、モバイル決済のアリペイである。

ビッグデータ・クラウドコンピューティングについて、アリババ経済圏構想では、アリババグループの構成メンバーが、相互にデータとテクノロジーを利活用することだとしている。

例えばモバイルコマースのタオバオ。月間稼働顧客数は4億6800万人。毎日1億8900万件のアプリ利用がある。平均的な顧客は1日に7・8回もタオバオへアクセスしている。

ショッピングのためだけではない。動画をみたり、拡張現実（AR）を利用してスタイリングのシミュレーションをしたりしている。動画の視聴時間は平均18分。視聴者の50%

が、動画提供ブランドのストアへアクセスしている。

こういう数値データがすぐにレポートされるのは、アリババグループが利用者のデータを蓄積し、活用しているからである。どんなワードで検索したか、何を探しているのか、どんな広告に反応したか、どんな商品を比較したか、ショッピングカートに入れた商品は何か、最終的に何を、いくらで購入したか、などの動態データである。

モバイルタオバオでは、トランザクションデータに基づき、顧客を500種類のセグメントに分類している。そのセグメントに対し、モバイルタオバオで販売している商品やサービスをマッチングさせ、パーソナルに提案する。その作業はAIだ。

1000万件ともいわれるマーチャントもセグメントされている。販売商品カテゴリーやビジネスモデル、販売履歴、マーチャントのニーズなどの分類だ。顧客によりよいサービスを提供するのが目的である。顧客とマーチャントのマッチングもAIがおこなう。

マーチャントのバナー広告は、ターゲットセグメントにあわせ、AIで簡単に100万種類のデザインを作成できる。

当然のことながら、AIはどの広告をみて、商品を購入したか、というトラッキングが可能。広告の効果を測定し、効果の低いものはリアルタイムに差し替える。

これは、データ活用の一例にすぎない。アリババグループはショッピングデータや決済データ、コミュニケーションデータなど膨大なデータをアリババクラウドに収集。ＡＩの活用によって、顧客やマーチャント、小売ブランド、サプライヤーなど、アリババ経済圏の住民との長期的な絆を強めようとしている。

アリババの野望。めざすは20億人の稼働顧客との関係強化である。移ろいやすい顧客ニーズをどう捉えるか。その解決策はリアルタイムのトランザクションデータである。特に決済データ。そのために、キャッシュレスを積極推進している。現金ではデータが取れない。

経済圏の構築拡大は、提携や買収によるオンラインとリアル世界の融合だけでは実現しない。それは形式的なもの、表層的なものである。顧客利便性を徹底的に追求し、その時々の顧客ニーズにあった商品やサービスを提供し続ける企業に対して、顧客は高いロイヤルティをもつ。

20億人の経済圏では、どんなサービスが実現するのか。顧客の利便性の追求から生まれたアリペイは、オンライン決済からモバイル決済へ進化した。それはＩｏＴ決済や生体認証決済に変わろうとしている。オンラインとリアル店舗を融合した新小売業態では、生活動線と結びついたストーリー性のある商品やサービスが登場しているに違いない。

第4章

日本の経済圏構想とキャッシュレスへの道

1

日本企業の経済圏構想

浮上する日本企業の経済圏構想

アマゾンエフェクトやアリババエフェクトを脅威に感じているのは、海外企業だけではない。日本の先端的企業は例外なくそう認識している。

オンライン企業がリアル世界へ食指を伸ばしてきた、という単純な恐れではない。膨大なデータを活用して既存ビジネスから顧客を奪い、新規ビジネスを次々に創出する破壊的なパワーに圧倒されているのである。

アマゾンやアリババという海外ブランドの経済圏に、日本も巻き込まれてしまうのだろうか。

企業によっては、そのパターンを真似て、防衛線を張ろうとしているところもある。オンライン企業はリアル世界に強い小売企業との提携を模索。既存の大手小売企業はオンライン企業との提携で守りを固めようとしている。

日本のオンライン巨人も黙ってはいない。アマゾンやアリババという海外勢に対抗する姿勢を明確に打ち出しはじめた。

2018年1月、楽天は米国小売最大手のウォルマートと提携すると発表した。ウォルマートが日本で保有する西友と共同で、生鮮食品を販売する楽天西友ネットスーパーを設立。西友の店舗を拠点に、生鮮食料品や日用品をスピードデリバリーする。米国ではウォルマートの店頭やウェブで、電子書籍リーダーの楽天Ｋｏｂｏを販売する計画だ。

その2週間後には、ソフトバンクとヤフー、そしてイオンの3社が協業を検討していることが報じられた。楽天とウォルマート連合への宣戦布告である。楽天と競合するヤフーは、日本最大手の小売であるイオングループを自陣に引き入れ、親会社のソフトバンクを巻き込んだ。

この2つのケースは、単にオンラインとリアルを融合し、お互いの強みを生かしたサービスを提供するというものではない。データの活用と顧客関係の強化で、独自経済圏を拡大しようという狙いがある。

楽天経済圏超拡大のキーワード

楽天経済圏超拡大のキーワード

楽天は2017年度通期の決算発表のテーマとして「楽天経済圏の超拡大」を掲げた。拡大ではなく超拡大としたのは、攻めの姿勢を前面に打ち出したものだ。

キーワードは上図のように「会員×データ×ブランド」。つまり、経済圏の拡大にこの3つの要素が欠かせないものとしたのである。

独自経済圏のブランドは英字表記のRakutenに統一。2017年7月にロゴを漢字の「楽天」から英字表記に変更し、海外でもアピールするようにした。

楽天経済圏を構成するのは楽天会員であ

る。２０１７年末の楽天ＩＤ会員は９５００万人。そのうち楽天カード保有者は１５００万人だ。楽天ＩＤ会員は楽天利用に応じてシルバー・レギュラー会員、ゴールド会員、プラチナ会員にランクづけされている。日本の人口の4分の3に相当する会員を有してはいるが、楽天経済圏の拡大には、ゴールドやプラチナという優良会員が不十分とみている。

決算説明会で三木谷浩史社長は、２０１８年はサプライチェーンマネジメント（直販ビジネス）に踏み込むと発表した。ビックカメラやウォルマートとの提携はその一環。家電や生鮮食料品を直販するだけでなく、リアル店舗やデリバリーサービスを通じて、新規顧客獲得や優良顧客育成をおこなう。

ここ2年間、楽天は顧客のロイヤルティ向上に取り組んできた。それは楽天市場流通総額における楽天カード決済比率をみれば明らかだ。２０１６年12月の51％から２０１７年12月には56％へ伸びている。しかし楽天経済圏の拡大には、新たな顧客獲得が必要。それがサプライチェーンマネジメント（直販ビジネス）に踏み込む、というコメントにつながっている。

データはロイヤルカスタマー育成とクロスセルに使うのはいうまでもない。とともに、今後飛躍を期す広告ビジネスにも活用する。楽天市場やデジタルコンテンツでの広告効果を高め、広告価値をアップするのが目的だ。楽天は、会員とデータ、そして楽天ブランドの活用で、「楽天経済圏の超拡大」をめざす。

携帯電話事業参戦の理由

楽天市場でのモバイル比率は高い。アクセス率は86％がモバイル。流通総額に占めるモバイル購入額比率は77％に達し、楽天経済圏にモバイルは欠かせないツールになっている。だから２０１７年末、携帯キャリア事業へ参入すると発表した。２０１４年10月から楽天モバイルというブランドで格安スマホを提供していたが、他社の通信サービスを借りたものだった。これを移動体通信事業に切り替えてサービスを開始する。

自社で携帯電話ネットワークを構築運営することによって、Ｅコマース、フィンテック、デジタルコンテンツ、モバイル通信などを融合したユニークなサービスを提供できると考えた。デジタルコンテンツではオンラインショッピングのほか、ストリーミングサービスや動画広告などのリッチコンテンツ、革新的な決済手段も視野に入れている。

２０１７年度の楽天モバイル契約者のうち、通信料を楽天カードで支払っている人の割合は62％。楽天スーパーポイントでの支払い設定者は26％。楽天グループの各種サービスと楽天モバイルのシナジーは高い。

楽天が掲げたデータの活用は、実購買データの活用である。現在は広告をみた、というクリックベースのマーケティング。これからは広告をみて購入した、という購買データをベースにしたマーケティングに切り替えていく。そのためにはオンラインだけでなく、リアル店舗での購入データが不可欠なのだ。

グーグルは広告効果を高めるため、２０１１年に同様のリアル店舗での購買データ取得を試みた。それがグーグルウォレットである。モバイルを財布がわりに使えるという構想だった。クレジットカードやポイントカードを格納でき、ＮＦＣ非接触決済機能をつけた。当初は狙い通りに機能しなかったが、現在はグーグルペイにブランドを刷新し、再チャレンジしている。

楽天は広告効果を高めるだけでなく、独自経済圏を拡大するためには、独自モバイルネットワークが必須と考えた（次ページ図参照）。このネットワークに楽天が進める楽天ペイを接続すれば、詳細な購買データを取得し、経済圏の住民（利用者）に利便性を提供できる。ビザやマスターカードという決済ブランドネットワークを使わず、独自ネットワー

楽天経済圏の全貌

クで処理すれば、コストも下げられる。

楽天経済圏でコマースやデジタルコンテンツ、そして多様な金融サービスをスピーディに提供するためには、楽天モバイルネットワークが不可欠なのである。現在楽天モバイルの利用者は１５０万人だが、第４の携帯キャリアになった暁には、数年後に１５００万人の利用者をめざす、としている。

楽天はフィンテック企業

生活者にとって、楽天はオンラインショッピングの会社というイメージが強い。しかし、楽天グループを営業利益でみると、金融サービスが稼いでいることがわかる。楽天では金融サービスをフィンテックと呼んでいるが、楽天経済圏を支えているのはフィンテックなのである。

財務報告では、大きくはインターネットサービスとフィンテックの2つのセグメントで集計している。インターネットサービスは、国内ＥＣやコミュニケーション＆スポーツ(楽天モバイル、メッセージアプリ、野球、サッカーなど)、その他インターネットサービス(海外ＥＣなど）をまとめたもの。フィンテックは、楽天のカード、銀行、証券、保険をまと

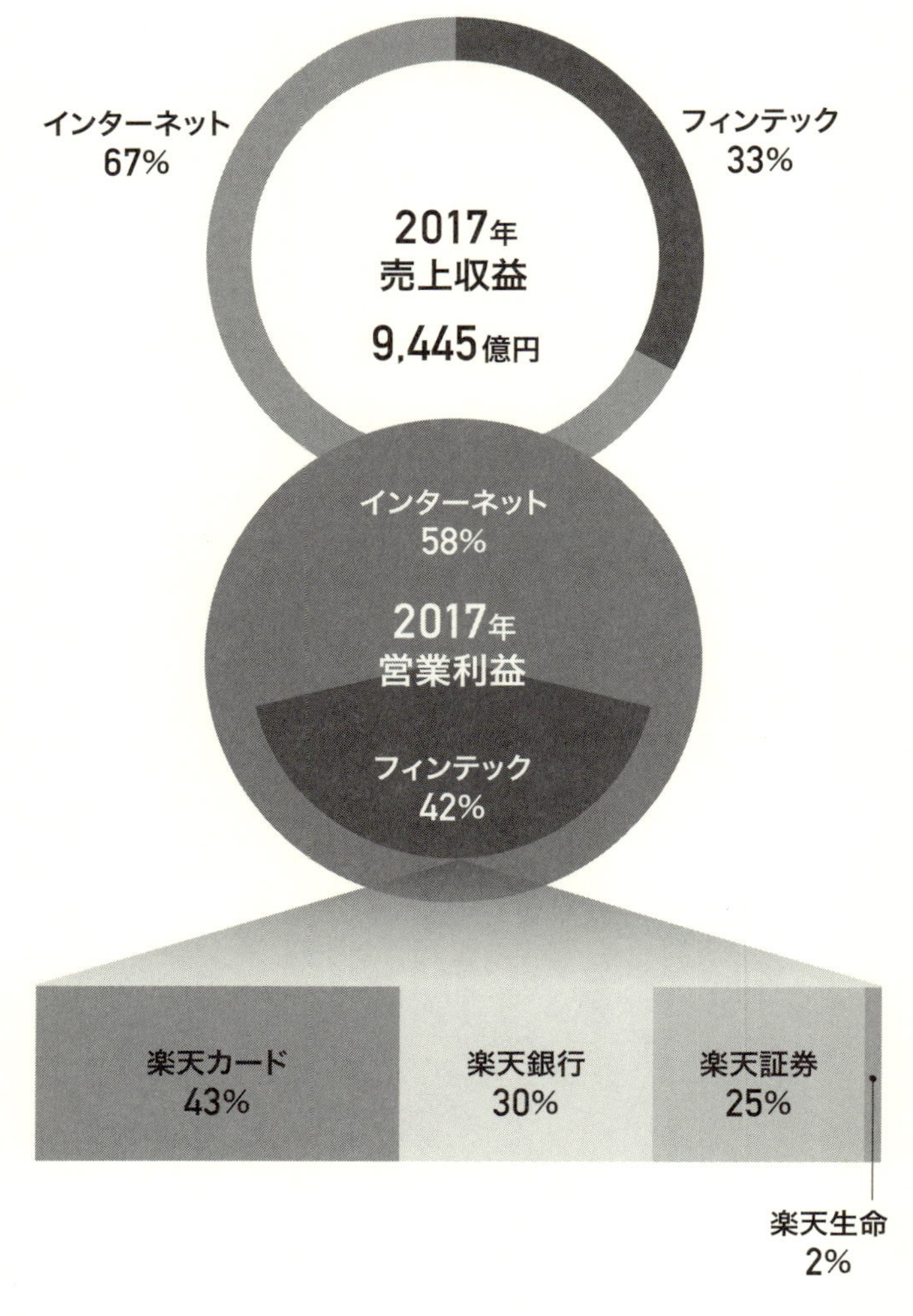

Source: 楽天 IR より NCB Lab. 作成

めたものである。

２０１７年の売上収益は９４４５億円、そのうちインターネットサービスの比率は67％、フィンテックは33％だった(前ページ図参照)。しかし、営業利益では、インターネットサービス比率は58％、フィンテックが42％を占める。インターネットサービスのうち、営業利益が最も高いのは国内ＥＣで７４６億円。フィンテックは７２８億円で、肩を並べる存在になっている。

日本一の楽天カード

フィンテックセグメントのなかで、儲け頭は楽天カードである。売上収益では50％、営業利益では43％を占めている。ついで楽天銀行が売上収益で24％、営業利益が30％。楽天証券の売上収益は16％、営業利益では25％。楽天生命は売上収益が10％、営業利益が２％となっている。

楽天カードマン(テレビＣＭ)の強烈なインパクトもあって、２０１８年1月、楽天カード会員数は１５００万人を超えた。２０１7年の取扱高は前年対比21・5％伸びて６・1兆円となり、日本のカード発行会社でトップに躍り出た。

楽天カードの取扱高とシェア

2017年取扱高　6.1兆円

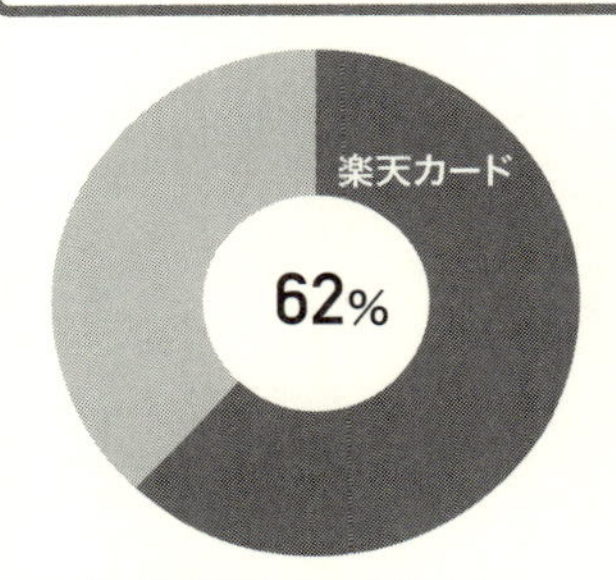

普段利用カード日本一

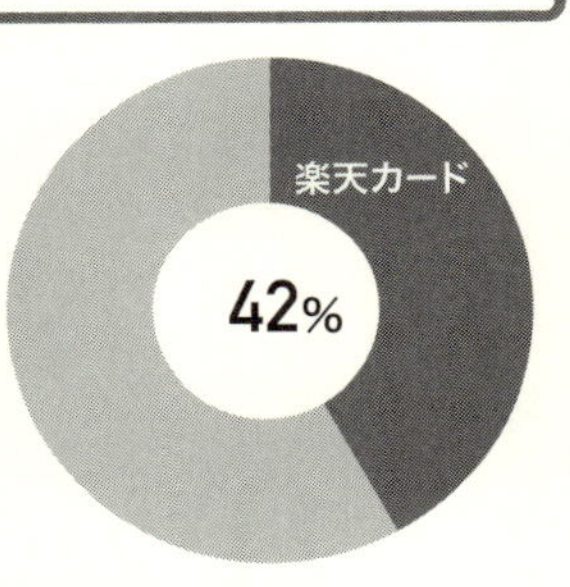

最頻度利用カード日本一

Source: NCB 生活者調査

2017年12月末にNCBラボが調査した「決済手段に関する最新生活者調査結果」（以下「生活者調査」）からも、楽天カードが生活者に浸透していることがわかる（上図参照）。

現在保有しているクレジットカードは何か、という質問に対し、楽天カードの保有率は群を抜いて高かった。20代から60代で70%の人が保有しているのである。学生でも66%と圧倒的な保有率だった。

では実際に普段利用しているクレジットカードは何か。ここでも楽天カードは62%と利用率が高い。タンスや財布の中で眠っている休眠カードではなく、アクティブなカードとなっている。

さらに、最も利用頻度が高いクレジットカードとして楽天カードをあげた人は42％もいた。日本のクレジットカードの中で、一番利用されているカードは、楽天カードなのである。一人あたりの年間利用金額は40万円を超える。楽天経済圏の決済は楽天カードが担う。

楽天が掲げた実購買データの活用のためには、購買データの取得ツールが必要。それが楽天カードなのである。保有率や利用頻度が日本一高い楽天カードが、オンラインだけでなくリアル店舗での購入データを捕捉する。

保険では２０１８年１月、野村ホールディングス傘下の損害保険会社、朝日火災海上保険を買収すると発表した。損害保険をラインアップに加えることにより、楽天トラベルや楽天ゴルフなどの利用時に損害保険をクロスセルする。顧客と販売チャネルを保有し、データの活用を含めた金融サービスを拡大する楽天は、既存の金融機関にとって大きな脅威になりつつある。

データドリブンで経済圏拡大をめざすヤフー陣営

２０１８年2月、ヤフーがイオンと協業し、そこにヤフーの親会社であるソフトバンクが参加すると報じられた。オンライン大手と日本最大の小売り、そしてモバイルネットワークオペレーター（ＭＮＯ）とのタッグは、何を意味するのか。

消費者のライフスタイルや購買スタイルを変えているのがモバイルである。前述の「生活者調査」によると、インターネット利用機器で最も頻繁に利用しているものは、スマートフォンで50％だった。ついでパソコンが45％、タブレットその他が5％と続く。

パソコンからモバイル機器へと利用が変わることによって、オンラインとリアル世界の垣根がなくなった。モバイル事前注文決済はその一例。米国のスターバックスでは、モバイルで近くのスターバックスを検索。メニューから好きなドリンクやフードを選び、モバイルで注文し決済すると、数分後にピックアップ可能という通知が来る。その時間にカウンターへ行くと、待ち時間なしで受け取れ、レジに並ぶ必要はない。このサービスが北米スターバックス取扱件数の12％に達している。

ヤフーはモバイルの進展で、パソコンからモバイルへ、そしてオンラインからリアル世界への展開が課題となっていた。２０１７年度通期(２０１７年4月から２０１８年3月)の実績では、1日のブラウズ件数でスマートフォンが67％、パソコンその他が33％。２０１３年度の43％から67％へ、モバイルシフトは進んでいる。しかし、オンラインからリアル世界への展開は未解決だった。

いっぽう、イオンはオンライン強化、デジタル化推進を戦略として掲げている。イオンにはアマゾン対抗が念頭にあるが、アマゾンのようなデータ活用やＡＩのノウハウがない。ヤフーはこれまで二十数年間に蓄積した膨大なデータを活用する、データドリブン企業をめざしている。その達成のために2つの目標を掲げている。1つはマルチビッグデータの拡充。メディア、Ｅコマース、決済金融で日本一になり、多様で大量のデータを収集すること。もう1つはデータサイエンスの強化である。データの活用によって、これまでより質の高いサービスを提供する。

ＡＩで先行するソフトバンクも加え、3社が協業すれば、お互いに足りない部分を補完しあいながら、新たな融合サービスが生まれる。そう考えているようだ。

お互いの強みを発揮し、弱みを補完しあうという、ゆるやかな経済圏の拡大は可能か。顧客や利用者の視点から、データ活用によって、商品やサービスを継続的に改善していく、という強力なリーダーシップがあれば、実現できる。しかし、顧客視点のないアライアンス、形式的なアライアンスは失敗するだろう。

2

日本人のモバイル決済利用

日本でモバイル決済は進むか

楽天やヤフー連合が、独自の経済圏拡大のための推進エネルギーとしているのが、購買行動データ（決済金融データ）である。この収集と活用に資源を積極投下している。顧客との接点はスマートフォンやタブレット、あるいはスマートウォッチなどのウェアラブル機器だ。これらを使ったモバイル決済の推進が鍵となる。

プラスチックカードではできないことだが、モバイル決済ならオンラインとリアル世界の両方の購買行動をトレースできる。商品やショップを検索し、仕様や価格を比較。利用者のレビューをみて、最終購買に至る。そのプロセスが購買行動データである。それをAIでアドバイスやメッセージに加工し、顧客のモバイル機器に伝える。

中国ではアリペイやウィチャットペイというモバイル決済が人々の生活に浸透。中国成人の場合、Ｅコマースの7割強がモバイル決済を日常的に利用している。では、日本はどうか。モバイル決済が浸透しなければ、十分な購買行動データはとれない。

日本でモバイル決済はどれだけ浸透しているのだろうか。モバイル決済の生活者意識調査をみることにしよう（次ページ図参照）。現在までにモバイル決済を「利用したことがある」と回答した人はわずか19％しかいなかった。「知っているが利用したことがない」という人は54％。「知らない」が27％だった。日本成人の2割弱しかモバイル決済を利用した経験がない。特に女性のモバイル決済利用経験者は14％で、男性の24％に比べて低い。

今後モバイル決済を利用したいかという質問に対しての回答も、ネガティブだった。「利用したい」という積極派は18％止まり。「多少利用したい」の20％を加えても、半数に届かない。「場合によっては利用してもよい」が38％、「利用したくない」という人が24％もいた。

この実情を考えると、経済圏拡大をめざす企業は、モバイル決済の利便性をもっとわかりやすく消費者に伝えなければならない。モバイル決済を利用したい人の動機は何なのだろう。利用したくない人の理由は何なのだろう。そこを解き明かす必要がある。

日本人のモバイル決済への生活者意識調査

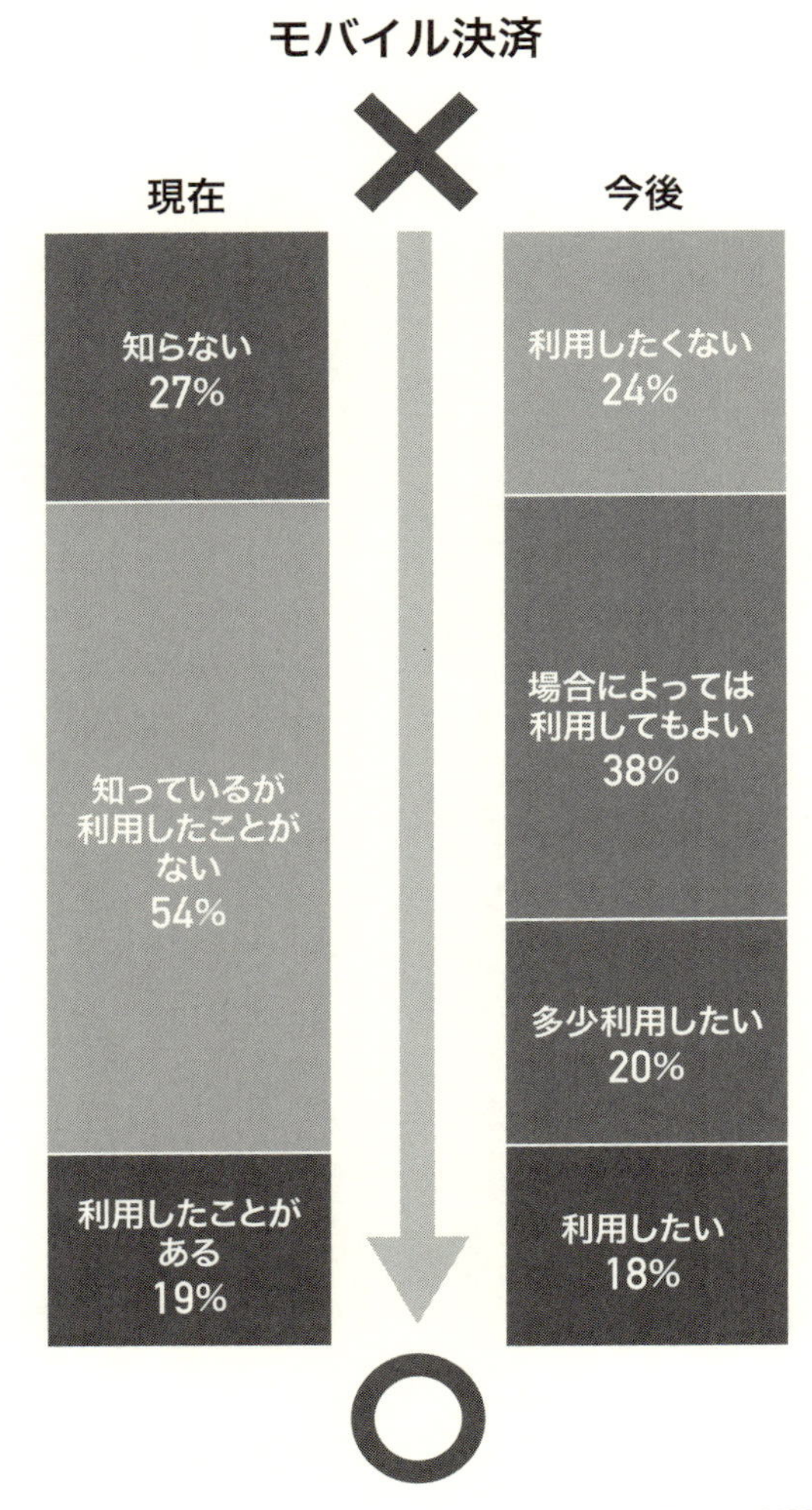

Source: NCB 生活者調査

モバイル決済を利用したい理由

今後モバイル決済を利用したいという理由のトップは、「決済がスムーズで早いから」と回答した人で68％だった（次ページ上図参照）。モバイルの非接触決済は、端末にタッチするだけの簡単取引。処理スピードは1秒を切る。ＪＲ東日本のスイカ（Suica）を登録したアップルペイは、２００ミリ秒以下という高速だ。

理由の2番目は、「小銭を持たなくてもいいから」で49％。小銭は重くてかさばる。多くの人たちは、決済のたびに小銭をいかに減らすか、受け取らないでおくかを考えている。

3番目は「ポイントを付与されるから」で43％だった。ポイントはカードにもついているが、リウォーズはモバイル決済促進に有効だ。ウィチャットペイは、日本のお年玉に相当する電子紅包のモバイル送付で利用者を一気に増やした。アリペイもモバイル決済促進のためのキャッシュバックなどのキャンペーンを次々に打っている。

以下、「財布を持たなくてもいいから」が42％、「カードを取り出す必要がないから」が39％、「複数のカードを1台の端末にまとめられるから」が25％と続く。

モバイル決済の利用・不利用の理由

モバイル決済を利用したい理由

決済がスムーズで早いから	68%
小銭を持たなくてもいいから	49%
ポイントを付与されるから	43%
財布を持たなくてもいいから	42%
カードを取り出す必要がないから	39%

モバイル決済を利用したくない理由

セキュリティが問題だから	39%
カード決済のほうが気軽で便利だから	27%
そもそもスマートフォンを持っていないから	25%
スマートフォンで設定することが面倒だから	24%
現金で支払いたいから	21%

Source: NCB 生活者調査

モバイル決済を利用したくない理由

今度は、なぜモバイル決済を利用したくないのか、その理由について考えてみたい。モバイル決済を利用したくない、と回答した人は４人に１人（24％）いた。

この人たちは、なぜ利用したくないのか。この質問は複数回答である。理由のトップは「セキュリティが問題だから」で39％だった(前ページ下図参照)。しかし、利用者はセキュリティに関して、モバイル決済とカードを同様に考えているフシがある。モバイル決済の場合、カード番号を直接処理せず、トークンという暗号化したものを処理するので、プラスチックカードよりセキュリティは高い。ＮＦＣ非接触決済でもＱＲ決済でも多くはトークン化したものを使っている。技術的なことなので、消費者教育はむずかしいが、根気強く啓蒙する必要がある。

２番目の理由は、「カード決済のほうが気軽で便利だから」という回答が27％だった。これは、「スマートフォンで設定することが面倒だから」（24％）や、「スマートフォンでの設定方法がわからないから」（13％）と関連性が深い。つまり、モバイル決済は、カード決済より便利だと感じていない。モバイル決済のほうが便利だと思えば、設定方法などのハードルがあっても利用するはずである。

モバイル決済を利用しない理由の3番目は、「そもそもスマートフォンを持っていないから」で25%だった。

総務省の「情報通信白書平成28年版」によると、日本のスマートフォン利用率は国際的にみて低い。普段、私的な用途のために利用している端末として、スマートフォンをあげた日本人は60・2%。対して米国は78・6%、英国とドイツは82・3%、韓国は96・6%、中国はなんと98・3%となっている。

中国や韓国では、60代のスマートフォン利用でも90%を超える。日本はわずか35%しか利用していない。日本でモバイル決済を拡大するためには、スマートフォンの普及が急務である。その上で、モバイル決済の利便性を強くアピールする必要がある。

そのほか、モバイル決済を利用しない理由は、「現金で支払いたいから」が21%、「スマートフォンを取り出すのが面倒だから」が11%だった。「使えるお店やシーンが少ないから」という回答が予想に反して7%と少なかった。「モバイル決済を利用したくない」と回答した人たちが対象で、使おうという意識が低いためこのような結果になったと思われる。

楽天ペイがアップルペイを制す

日本で現在利用されているモバイル決済は、アップルペイやアンドロイドペイ（グーグルペイ）、おサイフケータイ、そして楽天ペイなどである。これらについて認知度や利用率が高いものは何なのだろう。モバイル決済を知っていると回答した人に聞いてみた。

最も認知度が高かったサービスは、おサイフケータイで74％だった。ついでアップルペイが68％。3位に入ったのは、楽天ペイで59％だった。アンドロイドペイの認知度は35％と低かった。

おサイフケータイの認知度が高いセグメントは、ガラケーと呼ばれるフィーチャーフォンで慣れ親しんだ40代以降が多い。30代以下の若年層（学生含む）では、アップルペイのほうが認知度は高い。

では、実際によく利用しているモバイル決済は何か（次ページ図参照）。トップはおサイフケータイで51％だった。2位は楽天ペイで32％。アップルペイは26％、アンドロイドペイは18％だった。楽天ペイがアップルペイやアンドロイドペイを抑え、利用率で健闘している。

モバイル決済の利用状況

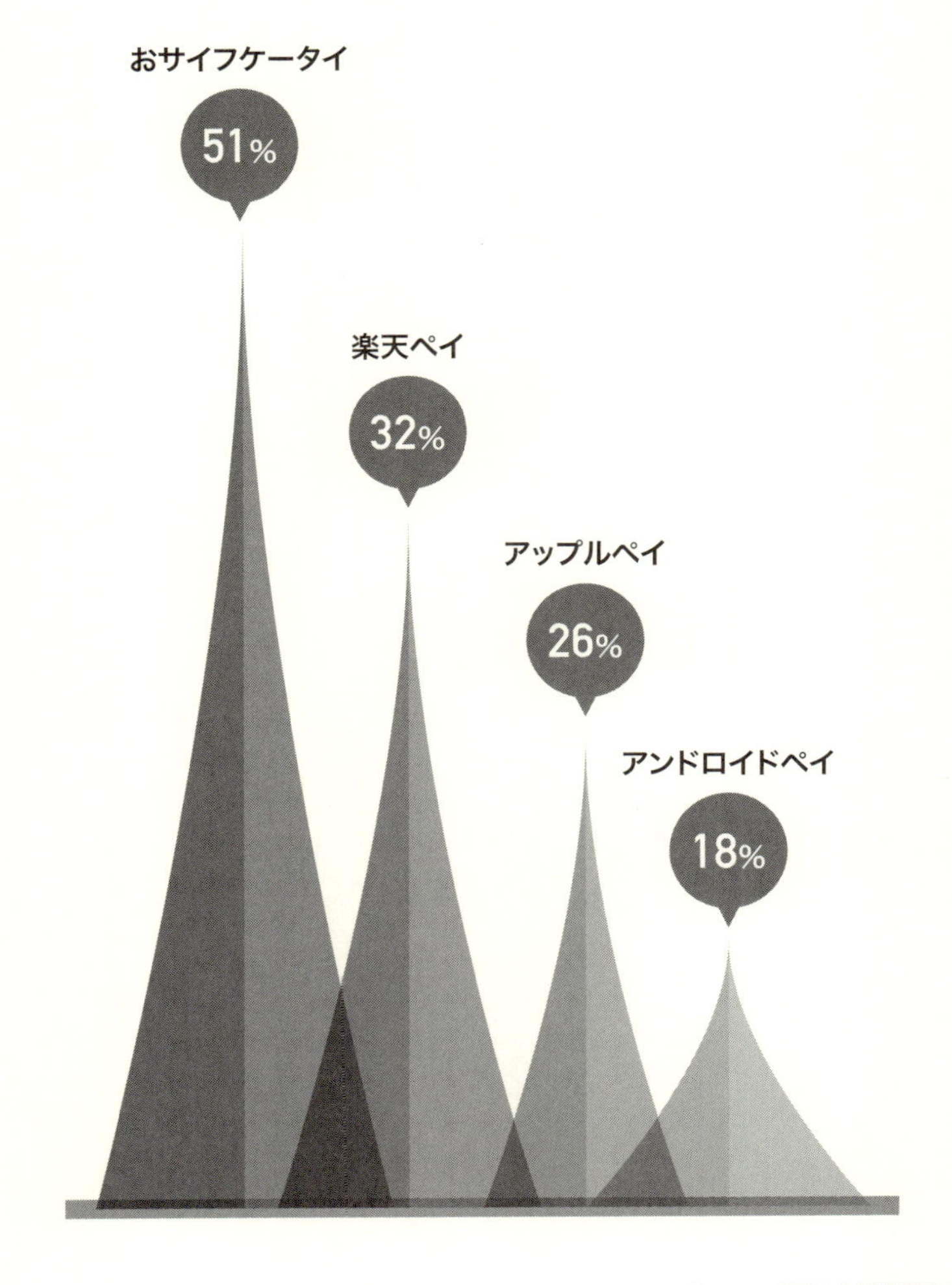

Source: NCB 生活者調査

しかし、スマートフォンによるモバイル決済は、まだ緒についたばかり。モバイル決済の利便性を強烈にアピールし、利用者の支持を得たところが勝者になる。ドコモやＫＤＤＩ、ソフトバンクという携帯キャリア、ＬＩＮＥやメルカリなどのモバイルサービス提供者、あるいは既存の金融機関や小売流通にも、そのチャンスはある。

オンラインとリアルの世界を融合した経済圏、国境を越えたクロスボーダー経済圏の拡大に、モバイル決済は不可欠だ。その環境が日本には欠落している。先進国の中でも日本はモバイル浸透度が低く、新興国にも負けている。

日本で経済圏の拡大をめざそうと思うなら、モバイル決済、特にスマートフォン決済の利用促進が最優先課題である。かつて日本はモバイル決済で世界の最先端を走っていた。それがおサイフケータイである。しかしガラケーがスマートフォンに代わって以降、その機能が特定の機種しか使えなくなってしまい、利用が減っていった。

もう一度顧客とマーチャントへ、モバイル決済の利便性や安全性を根気強く啓蒙し続けなければならない。利用者に常に寄り添うモバイル機器を活用すれば、生活動線にそったストーリーが描きやすい。そのサービスや商品を求めて集まってくる人々を経済圏へと取り込むのだ。

3 日本人のキャッシュレス意識

現金派それともキャッシュレス派?

アリババグループは、今後5年以内に中国をキャッシュレスにする構想を発表した。それに杭州や天津、武漢などの5大都市が呼応し、これらの経済活動や消費、交通、公共サービスのデジタル決済比率を90%以上にする目標を掲げたのである。アリババは経済圏を拡大しながら、都市も国家も包含しようとしている。

なぜ中国の大都市がキャッシュレスシティ構想に賛同したのか。キャッシュレスの効用を、アリペイは次のように述べている。「多くの店が潤い、都市サービスが継続的に改善され、地球はより緑に、空はより青くなる」。キャッシュレスシティを構築すれば、住民や企業に大きなメリットがあるからである。

経済圏の核となるのは、決済データである。決済データが取れない現金では、そもそも豊かな経済圏は創出できない。

日本人の多くは現金主義で、キャッシュレス決済を使おうとしない。決済業界ではそんな悲観的な意見が大勢を占めている。はたして本当に現金派が多いのだろうか。

本書では、株式会社電通の「金融プロジェクト」の協力を得て、彼らが２０１７年12月に実施した調査データを基に日本人のキャッシュレス意識を分析していきたい。電通調査では、現金派を自認する人は22％。キャッシュレス派が78％という意外な結果が出た（次ページ上図参照）。日本人は現金主義ではないのだ。支払いの場では現金を使わざるを得ないが、意識としてはキャッシュレスにしたい。そういう人たちが８割弱もいることがわかった。

年代では学生の現金派が35％と多かった。性別では女性のほうが、現金派が多い。女性は28％が現金派、男性は15％と、約２倍の開きがある。日々の生活場面で、現金以外の決済手段の利便性を見出せない女性がそこにいる。

現金派やキャッシュレス派という意識とは別に、実際の商品やサービスの購入ではどうなのか。カードや電子マネーなどによるキャッシュレス支払いと現金支払いの比率につい

あなたは現金派？　それともキャッシュレス派？

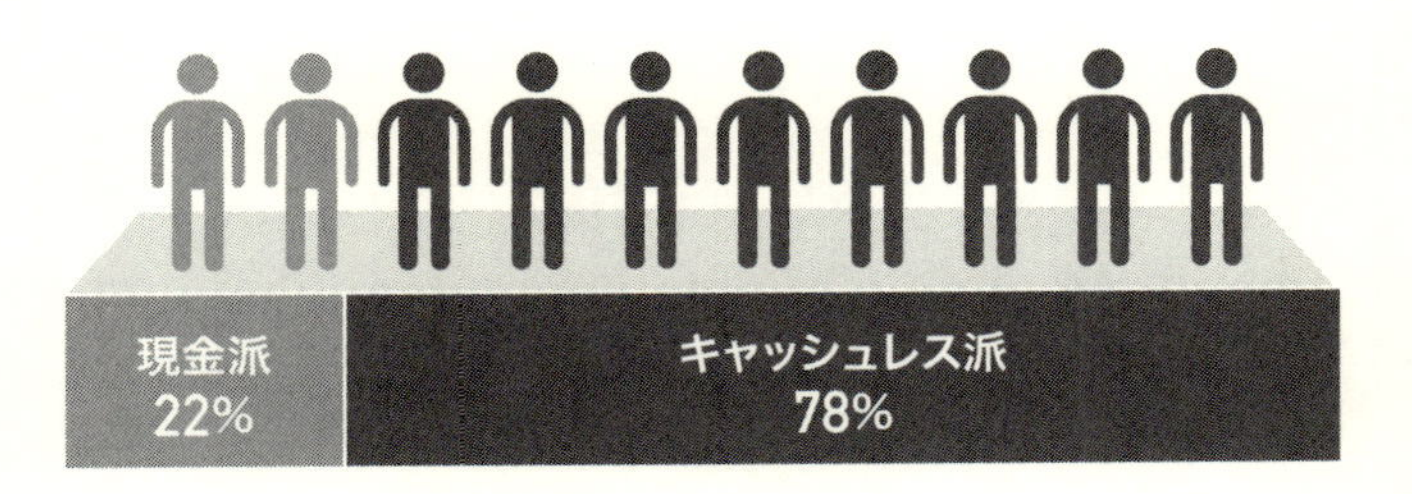

Source：株式会社電通「金融プロジェクト」（2017 年 12 月）

意識の変化を見ると…

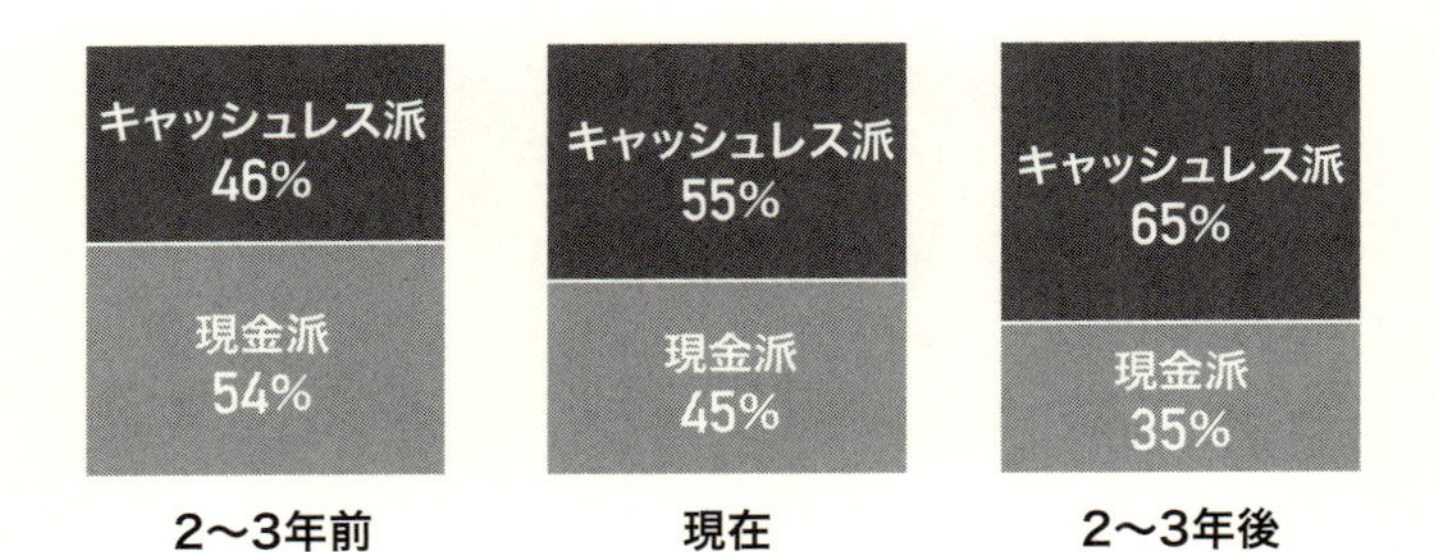

Source：株式会社電通「金融プロジェクト」（2017 年 12 月）

て、過去、現在、未来について聞いてみた。

過去を振り返り、2〜3年前の支払いについての回答結果は、現金が54%、キャッシュレスが46%だった。現金での支払いが過半を超えていた（前ページ下図参照）。では、現在（1カ月前）はどうか。現金は45%に減少、対してキャッシュレスは55%に増加した。キャッシュレスが現金を追い抜いたのである。

2〜3年後の未来はどうなのだろう。現金は35%に減らし、キャッシュレス支払いを65%まで増やしたいと考えていることがわかった。キャッシュレス決済の利用意向は高まっている。

キャッシュレス社会に向かっている日本

生活者の支払い行動を推し量るためには、社会の変容感覚と、個人の意識の両方を確認する必要がある。世の中はキャッシュレス社会に向かっていると考えているのか。支払いはキャッシュレスにしたいという意識があるのか。2つの質問をした。

世の中は「キャッシュレス社会に向かっている」と強く思っている人は48%だった（次ページ図参照）。「どちらかというとキャッシュレス社会に向かっている」という人は40%

世の中はキャッシュレス社会に向かっている？

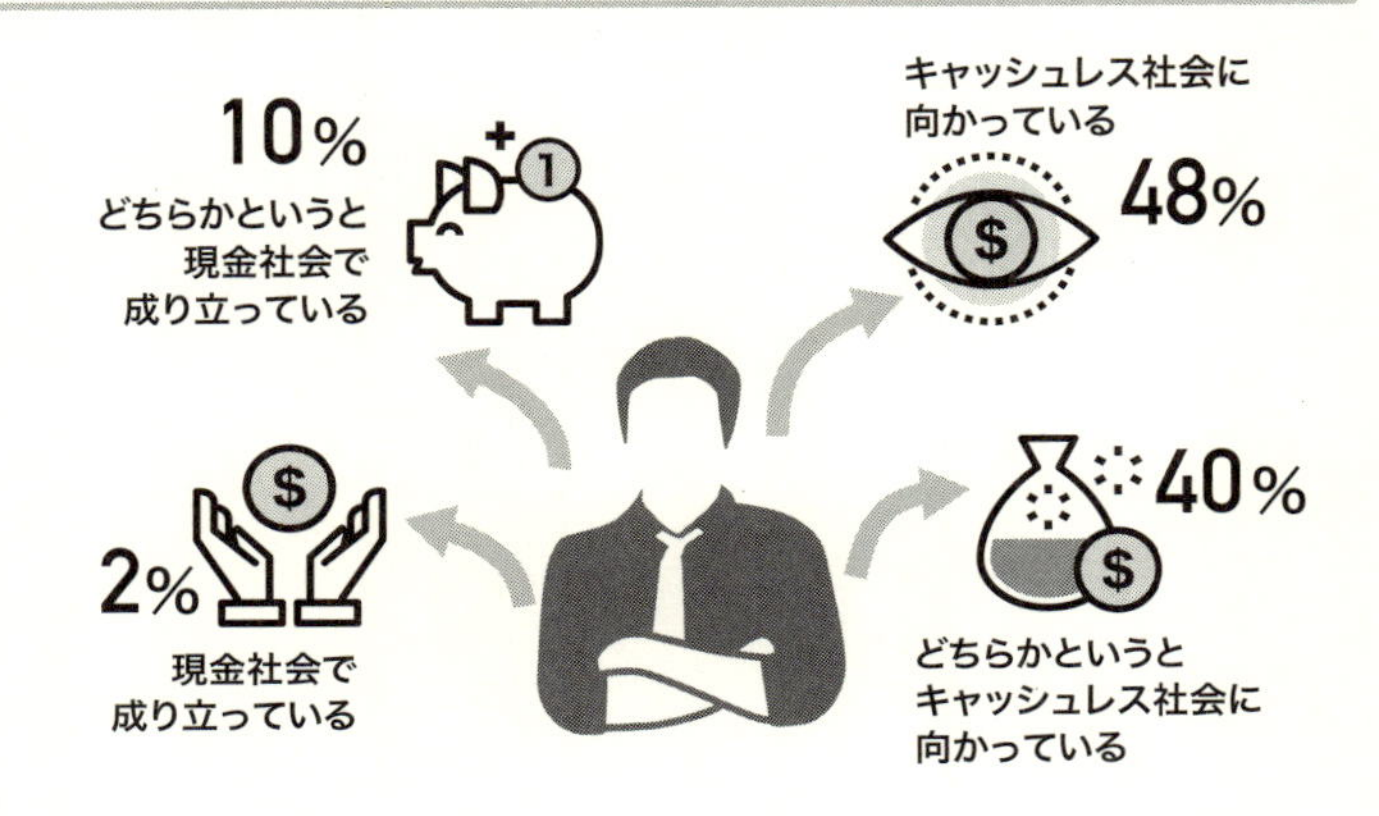

Source：株式会社電通「金融プロジェクト」（2017年12月）

で、両方あわせると88%がキャッシュレス社会に向かっていると考えている。世の中は「現金社会で成り立っている」と回答した人は2%しかいなかった。残りの10%は「どちらかというと現金社会で成り立っている」という人たちだった。

支払いはキャッシュレスにしたい

支払いはキャッシュレスにしたい、と強く意識している人はどれだけいるのだろう（次ページ図参照）。

43%が「キャッシュレスにしたい」と意識している。「どちらかというとキャッシュレスにしたい」と考えている人は35%だった。両方あわせると78%が支払いをキャッ

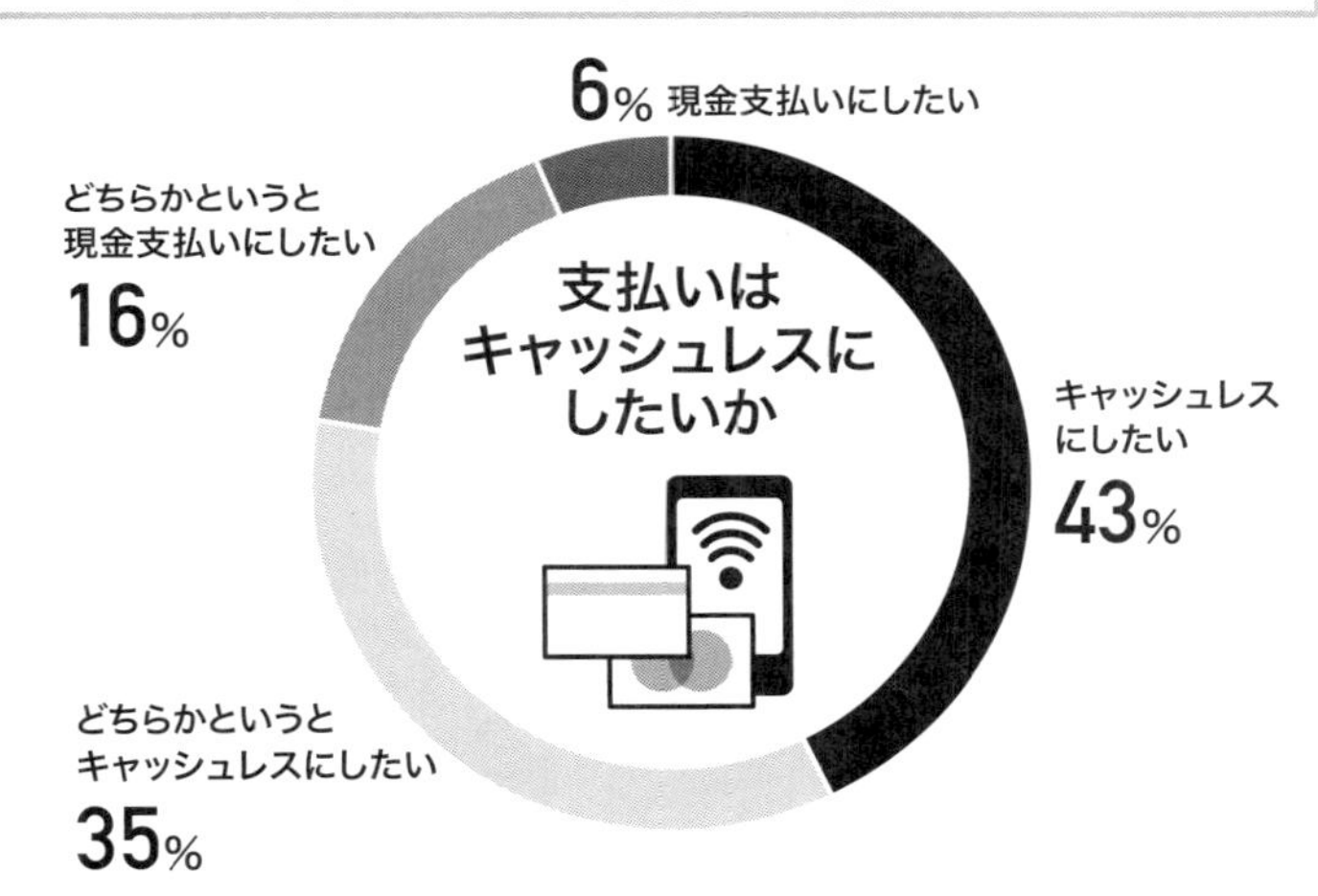

Source：株式会社電通「金融プロジェクト」（2017 年 12 月）

シュレスにしたいと意識している。キャッシュレス社会に向かっていると感じている人は88％なのに、キャッシュレス支払いにしたいという人は78％しかいない。キャッシュレス社会の到来を好ましくないと思っている層がいるようだ。

「現金支払いにしたい」という人は６％。「どちらかというと現金支払いにしたい」と回答した人は16％だった。

キャッシュレス決済が進展しない理由

生活者の88％がキャッシュレス社会に向かっていると考え、78％が支払いはキャッシュレスにしたいと意識している。しかし、実際の支払いでキャッシュレス決済をした人は55％しかない。このギャップは何なのだろう。

2つの理由が考えられる。一番の理由はキャッシュレス決済の場が限られていること。もう1つはキャッシュレスの決済手段に対するうしろめたさである。

まず、キャッシュレスの決済手段を受け付ける場、すなわちマーチャントが限られていることを、生活者の目を通して解説しよう。百貨店やスーパー、コンビニや商店街、飲食店などを利用する際、どんな支払い方法を利用しているか、について質問した（次ページ図参照）。複数回答である。

現金の比率が最も高かったのは商店街だ。現金支払いが78％、対してクレジットカードは22％、電子マネーは7％、デビットカードとプリペイドカードはそれぞれ2％で続く。商店街では群を抜いて現金利用が多い。商店街はキャッシュレス決済を受け付けない。生活者は、そう感じて現金支払いにしている。実際に現金しか受け付けないマーチャントが多数ある。魚屋や八百屋、総菜屋に米屋、パン屋に和菓子屋。欧米ではこれらのマーチャントもカード決済が常識だ。

商店街についで現金支払いが多かったのが飲食である。蕎麦にうどん、ラーメン、カレー

現金支払いがトップの決済領域

商店街

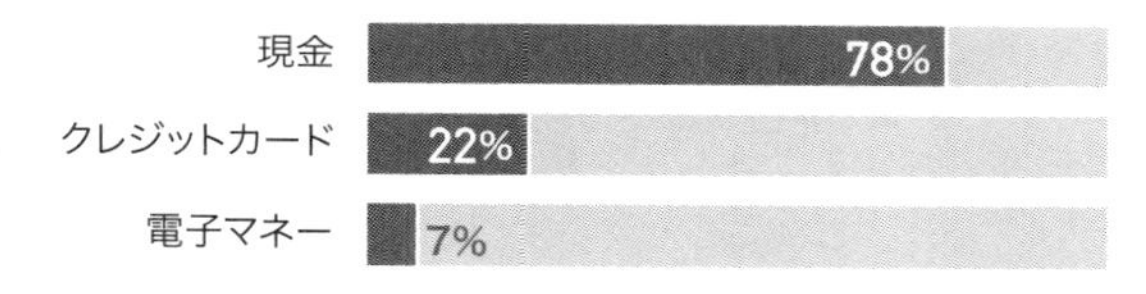

飲食

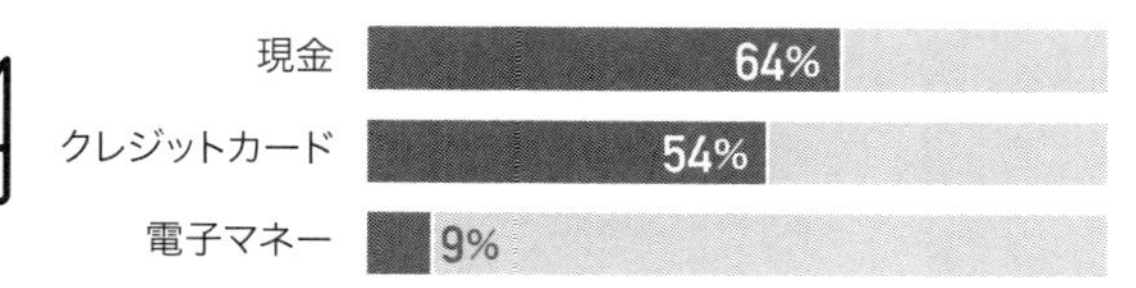

交通機関

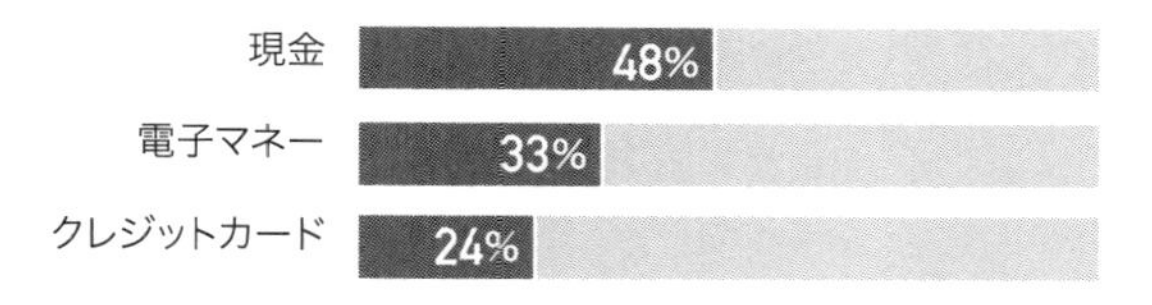

教育費

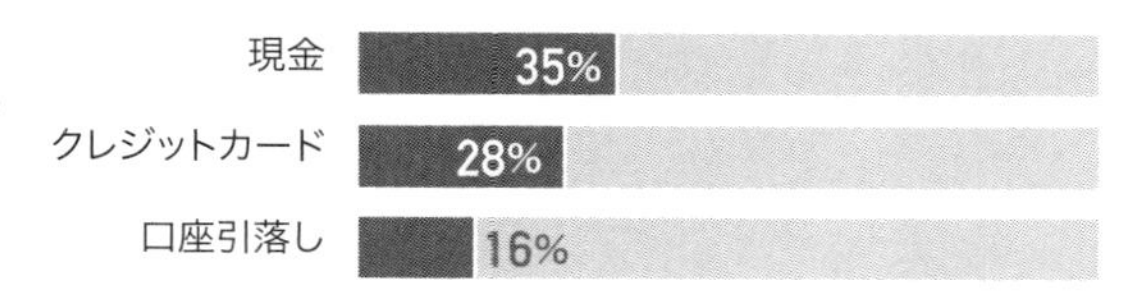

Source：株式会社電通「金融プロジェクト」（2017 年 12 月）

にイタリアン。これら飲食ではほとんど現金払いのみである。現金支払いは64％でトップ。クレジットカード54％、電子マネー9％、デビットカードとプリペイドカードがそれぞれ3％で続く。

交通機関や教育費の支払いも現金支払いがトップである。交通機関では48％が現金、電子マネーが33％、クレジットカードが24％、プリペイドカードが9％、デビットカードが3％と続く。教育費では現金が35％、クレジットカードが28％、口座引落しが16％、銀行振込が10％と続く。

キャッシュレス決済の場を中小マーチャントや少額決済の場、あるいは教育費などのサービス分野に広げる努力が必要だ。とともに、消費者には中小マーチャントでもキャッシュレスで決済できることの告知と教育啓蒙が欠かせない。

キャッシュレスのうしろめたさ

世の中はキャッシュレス社会に移行しつつあると考え、キャッシュレス決済をしたいと考えている生活者が、なぜキャッシュレス決済をしないのか。理由の2つ目は、キャッシュレス決済に対するうしろめたさである。

コンビニはその典型的な例である。コンビニでキャッシュレス決済を受け付けないところはない。それにもかかわらず、トップは現金で51％だった（次ページ図参照）。ついで電子マネーが43％、クレジットカードが28％。プリペイドカードが14％、デビットカードが５％と続く。

コンビニのレジでは、カードや電子マネー、モバイル決済など多様なキャッシュレス決済を受け付けている。それなのに、現金がトップなのは、数百円の支払いにキャッシュレスでは申し訳ない、といううしろめたさがあるからであろう。

しかし、コンビニの立場からいえば、キャッシュレスにしてほしい。現金支払いは、小銭のやりとりでレジの生産性が下がる。日本人の謙譲の美徳がコンビニでは逆効果になっているのだ。

百貨店・デパートでもキャッシュレス決済を受け付けないところはない。トップはクレジットカード支払いで73％だが、現金支払いをしていると回答した人は41％もいた。デビットカードは６％、電子マネーは５％だった。

スーパーでも同様の結果となった。最もよく利用している決済はクレジットカードで62％だが、現金も49％と高い。ついで電子マネーが22％、デビットカード５％、プリペイ

店舗別の決済方法

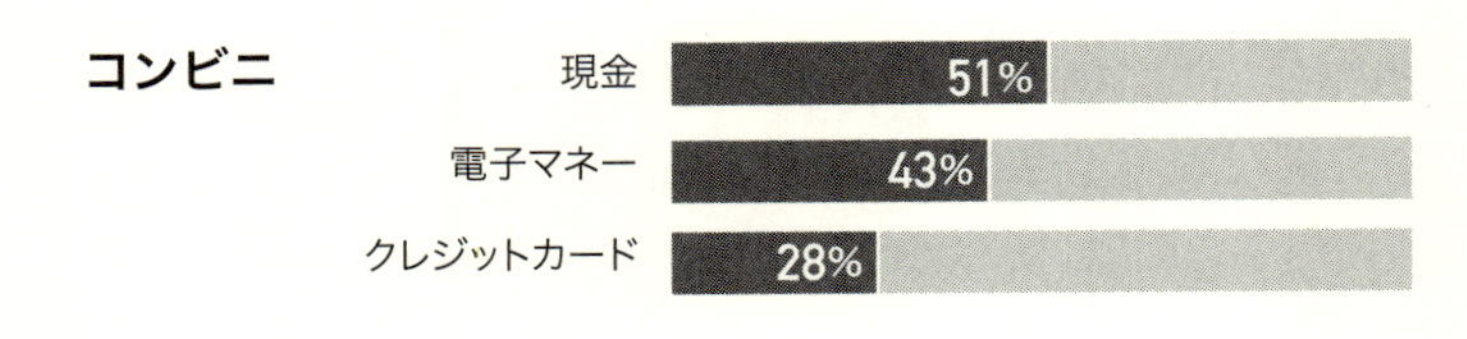

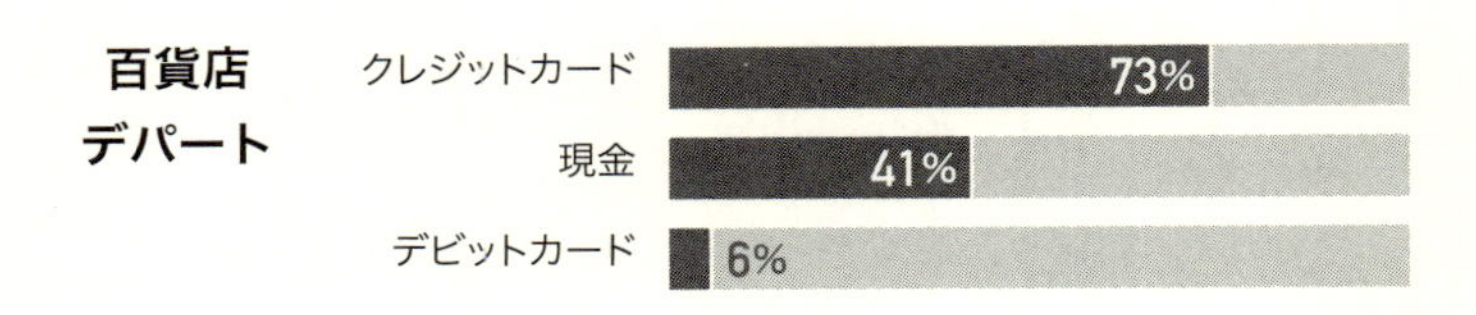

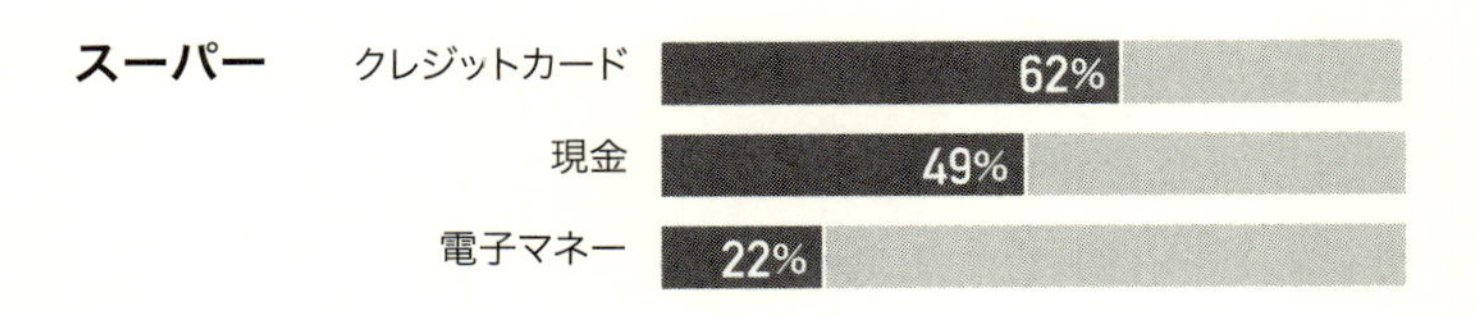

Source：株式会社電通「金融プロジェクト」（2017年12月）

ドカードが４％で続く。

百貨店・デパート、あるいはスーパーで現金払いが減らないのは、クレジットカードでの支払いにネガティブなイメージがあるからだ。クレジットカードをレジで提示しながら現金払いをする人の心理状態はどうなっているのだろう。

クレジットカードはいまだに借金カードというイメージをもっている人がいる。だから、「自分はクレジットカードを使わなくてもだいじょうぶ。現金をもっているから」とアピールしたいみえっぱりになる。

あるいは、クレジットカードは後払いなので、余計な出費が発生するという心配性のどちらかだろう。しかし、使いすぎの心配がないカードがある。

デビットとモバイル決済の普及がたりない

欧米で主流の決済といえばデビットカードである。クレジットカードではない。米国ではカードの利用件数でトップはデビットカード。個人消費の3件に1件がデビットカードで支払われている。英国でもデビットカードの利用件数がクレジットカードの3倍強だ。

デビットカードは銀行口座と連動し、即時に口座から引き落とされるため、クレジットカードで問題視される使いすぎの心配がない。ATMで現金を引き出してショッピングするという手間も不要だ。日本では日常使いできるデビットカードの普及と啓蒙が遅れている。生活者のうしろめたさを払拭し、キャッシュレス行動を促進するためには、デビットカードが鍵となる。銀行口座と連動したモバイル決済も有効だ。

日本人は意識の上ではキャッシュレス派が8割を占める。しかし実際に利用している人は5割程度である。これは感覚値なので、実際の利用はもっと少ない。キャッシュレス比率は個人消費支出の25%というのが実態だ。

そのギャップは、キャッシュレス決済手段を利用できる場が少ないこと。そしてキャッシュレス決済手段を使うことに対するうしろめたさである。

経済圏拡大の勝者になれるのは、キャッシュレス決済手段、特にモバイル決済でそのギャップを埋められる企業だ。ありがたいことに、意識としては日本人の8割がキャッシュレス派なのである。

競いあう経済圏とデータポータビリティ

競争で高まる経済圏の利便性

アマゾンやアリババは日本市場も視野に入れて独自経済圏を拡大しようとしている。迎え撃つ楽天やヤフー・ソフトバンク連合、あるいはドコモやＫＤＤＩなども、まだ顕在化してはいないが、着々と準備を進めている。

生活者は特定の経済圏に囲い込まれることを嫌がっているのだろうか。かならずしもそうとはいえないようだ。アマゾンのプライム会員は、会費を払ってまでも、アマゾンでショッピングし、デリバリーサービスやコンテンツサービスを利用している。アリババ利用者はジーマクレジットという個人のスコアをアップさせようと、アリババグループの商品や金融サービスを積極的に利用している。

特定の経済圏に囲い込まれることが嫌な人もいるだろう。しかし、特定の経済圏に帰属することのメリットが多ければ、その包容力に身を任せたいと思うのが人の常だ。

個人のプライバシー情報を含め、すべてのデータを特定の企業に吸い取られるのはいかがなものか。企業の思い通りにコントロールされるのではないか。そういう心配もある。

個人のトランザクション情報を提供することによって、よりよいサービスが受けられるのであれば問題ない、と考える人もいる。利便性を取るか、プライバシーを重視するか、それは個人の思想、生き方のちがいによる。

企業にコントロールされはじめた、と思った時には、そこに吸い取られたデータを返却してもらえる。そんなルールが２０１８年5月から欧州でスタートした。日本も現在検討中である。

それがデータポータビリティだ。アマゾンやアリババ、テンセント、グーグルやフェイスブックなどは、個人の膨大なデータを取得し、活用しながら、個人との関係を強化している。このデータは企業のものなのか、個人に帰属するものなのか。欧州では自分が企業に提供したデータを、他社へ移せるというルールが制定された。

ＧＤＰＲ（General Data Protection Regulation）、一般データ保護規則である。その中の

20条がデータポータビリティの権利を定めたもの。個人はデータを移転する権利をもつ、というのがその主旨。個人データを保有する企業は、個人からデータ移転の要請を受けた場合、それを妨害することなく、移転先へデータを渡さなければならない。個人のデータは基本的に個人に帰属するという思想なのだ。

日本でも経済産業省と総務省で、データポータビリティに関する検討会がおこなわれている。近い将来、日本でも導入される見込みだ。これを活用すれば、特定の経済圏から足抜けできない、という縛りから解放される。

データを活用する経済圏は、できるだけ多く出現し、競いあってくれるのがいい。競争がサービスの品質を高める。嫌になったら、データを返却してもらい、他の経済圏に移る。そんな時代が到来しようとしている。

独自経済圏を推進しようとしている企業の中には、主要な収益源として、収集したデータに付加価値をつけて第三者に販売しようと考えているところもある。これは本末転倒だ。顧客からしっぺ返しを食らう。経済圏の住民に対して、よりよいサービスを提供するためのデータ活用に、本気で取り組まなければならない。顧客なくして、ビジネスなし。顧客を無視したビジネスは、あだ花となって散っていく。

おもてなしの精神で築く日本独自の経済圏

アマゾンやアリババに対抗し、日本で経済圏を拡大するための鍵は3つ。独自決済プラットフォームの構築、データの収集と加工、そして利用者視点に立ってビジネスを変革し続けること、である。

独自決済プラットフォームの構築は、経済圏の強さと成長を支えるベースとなる。経済圏の強さは、その経済圏内の決済額で決まる。決済の利便性が高ければ、リピート利用が促進され、継続的な成長を維持できる。モバイルであれば、独自決済プラットフォームの構築は簡単だ。モバイルQR決済やモバイル送金決済の導入はハードルが低い。

データの収集と加工は、顧客とのコミュニケーションを円滑にするための鍵である。詳細な決済データは顧客の生活行動を類推し、タイムリーな提案を可能にする。精度を上げるためには、決済データなどのトランザクションデータに加え、画像や音声などの非構造化データも大量に蓄積する必要がある。モバイルならそれが可能だ。音声アシスタントも搭載できる。加工はＡＩの役目。日本流のきめ細かさを発揮するチャンスはここにある。

何に対してきめ細かく対応するのか。もちろん利用者のニーズや欲望である。そこで重要なのが利用者視点。日本人の特性を一番よく知っているのは、日本企業のはず。しかし、日本企業にたりないのがこの利用者視点である。アマゾンやアリババは強い顧客執着をもち、データとテクノロジーを駆使して、顧客利便性を徹底的に追求し続けている。

データやＡＩは、本来無機質なものである。それを温かみのあるサービスに変えられるのが、日本のお家芸である「おもてなしの精神」だ。相手の気持ちになって、どうすれば心地よい体験ができるかを考えながら接遇することである。

千利休は「利休七則」で客をもてなす心構えをこう述べている。「茶は服のよきように点て、炭は湯の沸くようにおき、花は野にあるように、夏は涼しく冬は暖かに、刻限は早めに、降らずとも雨の用意、相客に心せよ」と。

１つひとつ解説はしないが、３度繰り返して読むと理解できる。要は、客が心地よく茶を楽しめるように、気を配ることが大切だと教えている。

楽しめるように気を配ること。これをＡＩに盛り込めれば、移ろいやすい顧客の心を常に魅了し続けられるビジネスとなるに違いない。そうなれば、アマゾンやアリババも怖くはない。

おわりに

「佐藤さん、ギャングオブフォー（Gang of Four）の金融戦略についてどう思う？」

株式会社電通の鍋島浩部長からのひと声が本書執筆のきっかけになった。２０１７年春のことである。ギャングオブフォーとはアマゾン、グーグル、アップル、そしてフェイスブックのＩＴ巨人４社をいう。業種を超えて金融ビジネスに食指を伸ばし、世界の金融業界の脅威になっていた。各社の金融戦略については２０１７年８月の「電通報」に掲載された。

ＩＴ巨人の金融戦略を調べていく過程でみえてきたのが、独自経済圏の構築であった。特にアマゾンは、オンラインから地上（リアル世界）に舞い降りて、巨大な経済圏づくりにとりかかろうとしていた。世界に目を向けると、アジアにもう１つ、ひときわ光る経済圏構想があった。アリババ経済圏である。

アマゾンとアリババは競いあうように、提携や買収を繰り返しながら、グローバルにその翼を広げようとしている。この状況をまとめてみたい。そう思って筆をとった。本書では、経済圏を特定の企業が中核となって推進する経済活動領域と定義づけた。その上で、両者とその対抗企業の実態を調べていった。とにかくすごいことが起きている。その感動を早く伝えたいと考えた。

日々新たな動きが出てくるなか、情報の鮮度を保つのはむずかしく、十分にまとめきれていない面も多々あることは承知している。そこは、筆者が感動した場面だけを切り取ったものとしてお許しいただきたい。

本書の執筆にあたっては、電通の鍋島浩部長と、吉富才了シニアプランニングマネージャーから多くのアドバイスをいただいた。また、東洋経済新報社の中野麻衣子さんにもお世話になった。この場を借りて謝意を表したい。

電通「金融プロジェクト」紹介

株式会社電通「金融プロジェクト」は、1998年に金融機関のマーケティングおよび事業戦略支援を目的として設立された精鋭プロジェクト。

2018年に至る20年間、金融市場の変遷と金融に対する生活者の意識・行動の変化を捉え続けている。

特に、ここ数年はICTの飛躍的な進歩によって金融を取り巻く環境が激変。このような環境下で、株式会社電通「金融プロジェクト」では、年間100社を超える金融クライアントに対して、新たなソリューションを提供している。


株式会社電通「金融プロジェクト」オリジナル調査概要

◇ 調査目的：金融ICTの推進に向けて、生活者の「お金に対する意識」の変化を明らかにする
◇ 調査地域：全国
◇ 調査対象：20～69歳の男女（学生は除く）
◇ サンプル数：500ss（性年代別に関しては人口構成比による割付）
◇ 調査方法：インターネット調査
◇ 調査時期：2017年12月23日（土）～24日（日）
◇ 調査実施：株式会社電通

著者紹介

NCB Lab. 代表
佐藤　元則（さとう　もとのり）

1952年生まれ。関西学院大学卒業。1989年にカード・決済の専門コンサルティング会社アイエスアイを設立。20数年にわたるコンサルティングで培ったノウハウをもとに、ユニークな自由返済型クレジットカードや国際ブランドつきデビットカード、バーチャルプリペイド発行システムを開発。モバイル決済では特許も取得している。1997年から日本カードビジネス研究会（現NCB Lab.）代表に就任、現在に至る。キャッシュレス社会の普及とニューペイメントの発展を願い、精力的にセミナーやコンサルティング、執筆活動に取り組んでいる。分かりやすい解説が好評で、講師やモデレーターとしても活躍中。

『電子マネーウォーズ』共著（産能大学出版部）、『新・クレジットビジネス』（産能大学出版部）、『デジタルワードパワー』共著（コンピュータ・エージ社）、『カード・クレジット用語辞典』編集（近代セールス社）、『ニューペイメントレポート』（NCB Lab.）など著書多数。

調査データ提供者

株式会社電通
ビジネスディベロップメント＆アクティベーション局　産業戦略室　部長
鍋島　浩（なべしま　ひろし）

1987年山一證券入社。同社で海外・法人・個人すべての営業職に携わった後、1998年に株式会社電通に入社。その後、社内横断的に「金融プロジェクト」を立ち上げ、銀行、証券、保険、カードなど金融クライアントに対して、マーケティング・事業戦略支援を手掛ける。年間100件以上の金融クライアント案件に携わっている。
・ロンドン大学院（現インペリアル・カレッジ・ロンドン）MBA修了
・(社)日本マーケティング協会マーケティングマスター

株式会社電通
ビジネスディベロップメント＆アクティベーション局　産業戦略室　シニアプランニングマネージャー
吉富　才了（よしとみ　まさのり）

1995年よりPwCで金融業界における事業コンサルタント、UBS証券で証券アナリストに従事した後、2000年に株式会社電通に入社。電通にてマーケティングソリューション・PR・IRに従事した後、現局にて「金融プロジェクト」を担当。
・(社)日本証券アナリスト協会検定会員
・(社)日本PR協会認定PRプランナー

金融破壊者たちの野望

2018年7月26日発行

著　者――佐藤元則
発行者――駒橋憲一
発行所――東洋経済新報社
〒103-8345　東京都中央区日本橋本石町1-2-1
電話＝東洋経済コールセンター　03(5605)7021
https://toyokeizai.net/

ＤＴＰ…………菱田編集企画事務所
装　丁…………冨澤　崇（EBranch）
編集協力………菱田編集企画事務所
印刷・製本……藤原印刷
編集担当………中野麻衣子
Printed in Japan　ISBN 978-4-492-96152-0